Sammlung Außerdeutscher Strafgesetzbücher
in deutscher Übersetzung

Herausgegeben von
Professor Dr. Hans-Heinrich Jescheck,
Direktor des Instituts für ausländisches und internationales Strafrecht
an der Universität Freiburg i. Br.
und Professor Dr. Gerhard Kielwein, Saarbrücken

LXXXII.

Strafgesetzbuch
der Russischen Sozialistischen
Föderativen Sowjet-Republik
(Ugolovnyj kodeks RSFSR)

Berlin 1964

Walter de Gruyter & Co.

vormals G. J. Göschen'sche Verlagshandlung · J. Guttentag, Verlagsbuchhandlung · Georg Reimer · Karl J. Trübner · Veit & Comp.

Strafgesetzbuch
der Russischen Sozialistischen Föderativen Sowjet-Republik

vom 27. Oktober 1960
in der Fassung vom 6. Mai 1963

In deutscher Übertragung mit einer Einführung von

Teresa Pusylewitsch
Assistentin am Osteuropa-Institut an der Freien Universität Berlin

Berlin 1964

Walter de Gruyter & Co.

vormals G. J. Göschen'sche Verlagshandlung · J. Guttentag, Verlagsbuchhandlung · Georg Reimer · Karl J. Trübner · Veit & Comp.

Gedruckt mit Unterstützung der Gesellschaft für Rechtsvergleichung

Archiv-Nr. 24 63 64 2
Satz und Druck: Thormann & Goetsch · Berlin 44

VORWORT

Das Strafgesetzbuch der RSFSR vom 27. 10. 1960 wurde bereits im Heft 46 der Berichte des Osteuropa-Instituts der Freien Universität, Reihe Wirtschaft und Recht, Rechtswissenschaftliche Folge, herausgegeben von Herrn Professor Dr. Walter Meder, Berlin 1961 in deutscher Übersetzung veröffentlicht. Die in den Jahren 1961 und 1962 eingetretenen Änderungen dieses Gesetzes ließen eine Neuauflage der Übersetzung angezeigt erscheinen.

Herr Professor Dr. Walter Meder war freundlicherweise damit einverstanden, daß die Neuauflage in der Sammlung außerdeutscher Strafgesetzbücher in deutscher Übersetzung erscheint, in der Herr Professor Dr. Wilhelm Gallas die Übersetzung des Strafgesetzbuches der RSFSR von 1926 veröffentlicht hat.

H. H. Jescheck

INHALTSVERZEICHNIS

ABKÜRZUNGSVERZEICHNIS

AOS	Anzeiger des Obersten Sowjet
GS	Gesetzessammlung
Kolchos	Kollektivwirtschaft
Ob. Sowj.	Oberster Sowjet
Pos.	Position
Präs.	Präsidium
RSFSR	Russische Sozialistische Föderative Sowjetrepublik
StGB 1926	Strafgesetzbuch der Russischen Sozialistischen Föderativen Sowjetrepublik von 1926
StGB 1960	Strafgesetzbuch der Russischen Sozialistischen Föderativen Sowjetrepublik von 1960
StGB	bei Einzelzitaten aus dem StGB 1960
Sowchos	Sowjetwirtschaft
UdSSR	Union der Sozialistischen Sowjetrepubliken

EINLEITUNG

I

Das vorliegende Strafgesetzbuch der Russischen Sozialistischen Föderativen Sowjetrepublik (Ugolovnyj kodeks RSFSR) vom 27. Oktober 1960 ist auf Grund des Einführungsgesetzes vom 27. Oktober 1960 (AOS RSFSR 1960, Nr. 40, Pos. 591) am 1. Januar 1961 in Kraft getreten und hat damit das bisherige Strafgesetzbuch der RSFSR vom 22. November 1926 (GS RSFSR 1926, Nr. 80, Pos. 600) in der Fassung späterer Novellen[1]) ersetzt[2]).

Obgleich die Verfassung der UdSSR vom 5. Dezember 1936 in der ursprünglichen Fassung des Art. 14 Buchstabe u) der Union die Gesetzgebungskompetenz für die gesamte Materie des Strafrechts übertragen hat, ist während der fast zwanzigjährigen Geltungsdauer dieser Verfassungsbestimmung trotz zahlreicher Vorarbeiten kein einheitliches Unionsstrafgesetzbuch erlassen worden. Durch ein Verfassungsänderungsgesetz der UdSSR vom 11. Februar 1957 (AOS UdSSR 1957, Nr. 4, Pos. 63) ist die Gesetzgebungskompetenz auf dem Gebiet des Strafrechts in ähnlicher Weise wie nach der Verfassung der UdSSR von 1923 zwischen der Union und den Unionsrepubliken aufgeteilt worden. Nach der gegenwärtigen Fassung des Art. 14 Buchstabe u) der geltenden Verfassung erstreckt sich die Strafgesetzgebungskompetenz der Union auf die Grundlagengesetzgebung, die Strafgesetzgebungskompetenz der Unionsrepubliken dagegen auf alle Fragen strafrechtlicher Art, deren gesetzgeberische Regelung nicht von der Union in Anspruch genommen worden ist.

Nach dem Inkrafttreten des Verfassungsänderungsgesetzes der UdSSR vom 11. Februar 1957 sind auf dem Wege der Unionsgesetzgebung die „Grundlagen der Strafgesetzgebung der Union und der Unionsrepubliken“ vom 25. Dezember 1958 (AOS 1959, Nr. 1, Pos. 6), das Gesetz „Über die strafrechtliche Verantwortlichkeit für Staatsverbrechen“ vom 25. Dezember 1958 (AOS 1959, Nr. 1, Pos. 8) und das Gesetz „Über die strafrechtliche Verantwortlichkeit für Militärverbrechen“ vom 25. Dezember 1958 (AOS 1959, Nr. 1, Pos. 10) erlassen

---

[1]) Deutsche Übersetzung: W. Gallas, Strafgesetzbuch der Russischen Sozialistischen Föderativen Sowjetrepublik, Nr. 60 dieser Reihe, Berlin 1953.

[2]) Gleichzeitig mit dem StGB 1926 traten verschiedene strafrechtliche Einzelgesetze außer Kraft, die in einem Verzeichnis des Präs. des Ob.Sowj. der UdSSR (AOS UdSSR 1960, Nr. 50, Pos. 465) und in einem Verzeichnis des Präs. des Ob.Sowj. der RSFSR (AOS RSFSR 1961, Nr. 13, Pos. 229) aufgezählt wurden.

worden. Ferner hat das Präsidium des Obersten Sowjet der UdSSR eine Reihe von Dekreten erlassen, die zum Teil Novellen zu den drei Unionsgesetzen vom 25. Dezember 1958 enthalten, zum Teil selbständige Straftatbestände begründen oder bisherige Strafrechtsnormen der Unionsrepubliken dem Inhalt nach abändern.

Nach dem Inkrafttreten der „Grundlagen der Strafgesetzgebung der Union und der Unionsrepubliken" haben die einzelnen Unionsrepubliken unter Berücksichtigung der in den „Grundlagen" enthaltenen Vorschriften und unter Einbeziehung der Vorschriften der Unionsgesetze über die strafrechtliche Verantwortlichkeit für Staatsverbrechen und für Militärverbrechen sowie in Übereinstimmung mit späteren strafrechtlichen Dekreten der Union[3]) eigene Strafgesetzbücher erlassen[4]), die inhaltlich nicht wesentlich voneinander abweichen.

---

[3]) Vor dem 27. Oktober 1960 ist das Dekret des Präs. des Ob.Sowj. der UdSSR vom 13. Januar 1960 „Über die Ergänzung des Art. 1 des Gesetzes über die strafrechtliche Verantwortlichkeit für Staatsverbrechen" erlassen worden (AOS UdSSR 1960, Nr. 3, Pos. 24).

[4]) Die Strafgesetzbücher der einzelnen Unionsrepubliken in der Reihenfolge ihrer Annahme:

1. Strafgesetzbuch der Usbekischen Sozialistischen Sowjetrepublik vom 21. 5. 1959.
2. Strafgesetzbuch der Kasachischen Sozialistischen Sowjetrepublik vom 22. 7. 1959.
3. Strafgesetzbuch der Russischen Sozialistischen Föderativen Sowjetrepublik vom 27. 10. 1960.
4. Strafgesetzbuch der Aserbaidshanischen Sozialistischen Sowjetrepublik vom 28. 12. 1960.
5. Strafgesetzbuch der Ukrainischen Sozialistischen Sowjetrepublik vom 28. 12. 1960.
6. Strafgesetzbuch der Bjelorussischen Sozialistischen Sowjetrepublik vom 29. 12. 1960.
7. Strafgesetzbuch der Kirgisischen Sozialistischen Sowjetrepublik vom 29. 12. 1960.
8. Strafgesetzbuch der Georgischen Sozialistischen Sowjetrepublik vom 30. 12. 1960.
9. Strafgesetzbuch der Estnischen Sozialistischen Sowjetrepublik vom 6. 1. 1961.
10. Strafgesetzbuch der Lettischen Sozialistischen Sowjetrepublik vom 6. 1. 1961.
11. Strafgesetzbuch der Armenischen Sozialistischen Sowjetrepublik vom 7. 3. 1961.
12. Strafgesetzbuch der Moldauischen Sozialistischen Sowjetrepublik vom 24. 3. 1961.
13. Strafgesetzbuch der Litauischen Sozialistischen Sowjetrepublik vom 26. 6. 1961.
14. Strafgesetzbuch der Tadshikischen Sozialistischen Sowjetrepublik vom 17. 8. 1961.

II

Das Strafgesetzbuch der Russischen Sozialistischen Föderativen Sowjetrepublik vom 27. Oktober 1960[5]) ist inzwischen zahlreichen Veränderungen und Ergänzungen unterworfen worden.

Infolge der Währungsumstellung[6]), die in der Sowjetunion mit Wirkung vom 1. Januar 1961 durchgeführt wurde, wurden alle in den einzelnen Vorschriften des StGB 1960 vorgesehenen Geldstrafen im Verhältnis 10 : 1 herabgesetzt.

Durch verschiedene Dekrete des Präsidiums des Obersten Sowjet der UdSSR[7]) wurden zahlreiche diesen Dekreten widersprechende Bestimmungen des StGB 1960 inhaltlich geändert oder ergänzt, ohne daß zunächst eine formelle Änderung oder Ergänzung des Wortlauts des StGB 1960 erfolgte.

---

15. Strafgesetzbuch der Turkmenischen Sozialistischen Sowjetrepublik vom 22. 12. 1961.

[5]) Der amtliche Text des StGB 1960 ist nicht im AOS, sondern in einer Anlage zum AOS 1960, Nr. 40, veröffentlicht worden.

Eine deutsche Übersetzung der ursprünglichen Fassung ist in Heft 46 der Berichte des Osteuropa-Instituts an der Freien Universität Berlin, 1961, S. 7—129, erschienen.

[6]) Beschluß des Ministerrates vom 4. Mai 1960 „Über die Änderung des Preismaßstabes und die Ersetzung des im Umlauf befindlichen Geldes durch neues“ (AOS UdSSR 1960, Nr. 18, Pos. 136).

[7]) 1) „Über die Ergänzung des Gesetzes über die strafrechtliche Verantwortlichkeit für Staatsverbrechen“ vom 24. Februar 1961 (AOS UdSSR 1961, Nr. 9, Pos. 91); 2) „Über die Ergänzung des Artikels 25 des Gesetzes über die strafrechtliche Verantwortlichkeit für Staatverbrechen“ vom 25. März 1961 (AOS UdSSR 1961, Nr. 13, Pos. 137); 3) „Über die verstärkte Bekämpfung besonders gefährlicher Verbrechen“ vom 5. Mai 1961 (AOS UdSSR 1961, Nr. 19, Pos. 207); 4) „Über die Ergänzung und Änderung des Gesetzes über die strafrechtliche Verantwortlichkeit für Staatsverbrechen und der Grundlagen der Strafgesetzgebung“ vom 18. Mai 1961 (AOS UdSSR 1961, Nr. 21, Pos. 222); 5) „Über die Verantwortlichkeit für Zuschreibungen und andere Entstellungen der Rechenschaftslegung über die Planerfüllung“ vom 24. Mai 1961 (AOS UdSSR 1961, Nr. 22, Pos. 225); 6) „Über die Erhöhung der strafrechtlichen Verantwortlichkeit für Verletzung der Vorschriften über Devisengeschäfte“ vom 1. Juli 1961 (AOS UdSSR 1961, Nr. 27, Pos. 291); 7) „Über die strafrechtliche Verantwortlichkeit für verbrecherisch-nachlässige Benutzung und Aufbewahrung landwirtschaftlicher Maschinen“ vom 29. Dezember 1961 (AOS UdSSR 1962, Nr. 1, Pos. 5); 8) „Über die Erhöhung der strafrechtlichen Verantwortlichkeit für Angriffe auf Leben, Gesundheit und Würde von Angehörigen der Miliz und der freiwilligen Volkswachten“ vom 15. Februar 1962 (AOS UdSSR 1962, Nr. 8, Pos. 83); 9) „Über die Erhöhung der strafrechtlichen Verantwortlichkeit für Notzucht“ vom 15. Febr. 1962 (AOS UdSSR 1962, Nr. 8, Pos. 84); 10) „Über die Erhöhung der strafrechtlichen Verantwortlichkeit für Bestechung“ vom 20. Februar 1962 (AOS UdSSR 1962, Nr. 8, Pos. 85); 11) „Über die Änderung und Ergänzung der Artikel 22 und 44 der Grundlagen der Strafgesetzgebung“ vom 4. April 1962 (AOS UdSSR 1962, Nr. 14, Pos. 147).

Durch Dekret des Präsidiums des Obersten Sowjet der RSFSR vom 8. Mai 1961 „Über die erhöhte Verantwortlichkeit für die Herstellung von Hausbranntwein und anderen alkoholischen Getränken der Hausproduktion“ (AOS RSFSR 1961, Nr. 18, Pos. 274) wurde Art. 158 StGB inhaltlich geändert, wobei auch in diesem Fall zunächst eine formelle Änderung des Wortlauts unterblieb.

Durch Gesetz des Obersten Sowjet der RSFSR vom 25. Juli 1962 „Über Änderungen und Ergänzungen des Strafgesetzbuches der RSFSR“ (AOS RSFSR 1962, Nr. 29, Pos. 449) wurde der Wortlaut des Artikels 158 StGB den Vorschriften des Dekrets vom 8. Mai 1961 formell angepaßt. Ferner wurden durch das Gesetz vom 25. Juli 1962 in Anpassung an die Vorschriften der inzwischen erlassenen Unionsdekrete die Artikel 23, 24, 53, 87, 88, 96, 117, 162, 169, 173, 174, 189, 190, 208, 224, 64, 65, 66, 67, 68, 69, 70, 71, 77, 78, 86, 89, 103, 130, 131, 154, 167, 181, 182, 191, 192 und 197 des StGB formell geändert[8]) und die Artikel 77^1, 88^1, 88^2, 93^1, 99^1, 152^1, 174^1, 191^1, 191^2, 192^1 und 198^1 in den Wortlaut des StGB neu eingefügt.

Durch Dekret des Präsidiums des Obersten Sowjet der RSFSR vom 6. Mai 1963 „Über die erhöhte Verantwortlichkeit für die Verfütterung von Brot und anderen in staatlichen oder genossenschaftlichen Einzelhandelsgeschäften angekauften Getreideerzeugnissen an Vieh und Geflügel“ (AOS RSFSR 1963, Nr. 18, Pos. 317) wurde der Artikel 154^1 eingefügt.

III

Von den inhaltlichen Änderungen und Ergänzungen der ursprünglichen Fassung des StGB 1960 sind insbesondere folgende hervorzuheben:

1. Die Todesstrafe, die Art. 23 StGB als außerordentliche Strafmaßnahme bezeichnet und deren Verhängung ursprünglich, außer in Kriegszeiten oder im Verlauf von Kampfhandlungen, nur wegen einiger Staatsverbrechen und wegen vorsätzlicher Tötung bei erschwerenden Umständen zulässig war, wurde für folgende weitere Delikte angedroht: Terrorhandlungen in Besserungsarbeitsanstalten (Art. 77^1 StGB), gewerbsmäßige Falschmünzerei (Art. 87 Abs. 2 StGB), Devisendelikte bei gewerbsmäßiger Begehung, bei Begehung in großem Umfang oder bei Rückfall (Art. 88 Abs. 2 StGB), Entwendung staatlichen oder gesellschaftlichen Vermögens in besonders großem Umfang (Art. 93^1 StGB), Notzucht bei erschwerenden Umständen (Art 117 Abs. 3 StGB), Bestechung bei erschwerenden Umständen (Art. 173 Abs. 2 StGB), Angriff auf das Leben eines Angehörigen der Miliz oder der freiwilligen Volkswachten (Art. 191^2 StGB).

2. Nach Art. 24 Abs. 1 StGB beträgt das abstrakte Strafmaximum

[8]) Der neue Wortlaut in den geänderten Artikeln ist in der nachstehenden Übersetzung des StGB 1960 durch Kursivdruck gekennzeichnet.

für Freiheitsentziehung bei besonders schweren Verbrechen und bei besonders gefährlichen Rückfälligen statt zehn fünfzehn Jahre. Die geänderte Fassung der Anmerkung I erweiterte den Katalog der Täter, die durch Urteil als besonders gefährliche Rückfällige erkannt werden können. Der Artikel wurde ferner durch einen Katalog ergänzt, der die schweren Verbrechen erschöpfend aufzählt (Anmerkung II).

3. Verbannung von zwei bis zu fünf Jahren wurde als Nebenstrafe für die meisten Staatsverbrechen und für einige andere schwere Verbrechen zusätzlich fakultativ angedroht.

4. Auferlegung der Schadenswiedergutmachung wurde alternativ neben anderen Strafen für Verleumdung (Art. 130 StGB) und Beleidigung (Art. 131 StGB) angedroht.

5. Der Kreis von Verurteilten, die nach Art. 53 StGB bedingt entlassen werden können oder denen ein Teil der Strafe durch eine mildere Strafart ersetzt werden kann, wurde erheblich eingeschränkt. Während nach der ursprünglichen Fassung des Artikels nur besonders gefährliche Rückfällige ausgenommen waren, sind es nach der geänderten Fassung noch zwei weitere Kategorien von Verurteilten: Personen, die vor Ablauf der Bewährungsfrist ein neues vorsätzliches Verbrechen begangen haben, für das sie zu Freiheitsentziehung verurteilt wurden, und Personen, die wegen enumerativ bestimmter schwerer Verbrechen verurteilt waren (Art. 53 Abs. 5 Ziff. 2 und 3 StGB). Der Kreis von Verurteilten, die nach Art. 52 Abs. 2 StGB zwei Drittel statt wie im Regelfall die Hälfte der ursprünglichen Strafe effektiv verbüßen müssen, wurde erweitert.

Bei den hier nicht erwähnten Änderungen und Ergänzungen handelt es sich in der Regel entweder um eine Erweiterung der strafrechtlichen Verantwortlichkeit durch Ergänzung der strafrechtlichen Tatbestände oder um eine Erhöhung der angedrohten Strafen für ein bereits nach der ursprünglichen Fassung des StGB tatbestandsmäßiges Verhalten.

IV

Die nachstehende Übersetzung des Wortlauts des StGB 1960 nach dem Stand vom 1. Juli 1963 beruht nicht nur auf einer sinngemäßen Übertragung, sondern auch auf einer möglichst wortgetreuen Wiedergabe des Originaltextes. Hiermit wurde bezweckt, auch im deutschen Text die rechtstechnischen und terminologischen Eigentümlichkeiten der sowjetischen Gesetzessprache in Erscheinung treten zu lassen, soweit dies ohne Beeinträchtigung der Verständlichkeit des Textes möglich war. Soweit sich dagegen in der deutschen Literatur bereits feste Fachausdrücke zum sowjetischen Strafrecht eingebürgert haben, wurden diese nach Möglichkeit beibehalten.

Der russische Ausdruck „prestuplenie“ wurde durch „Verbrechen" wiedergegeben, das als Verbrechen im weiteren Sinne zu verstehen ist. Das geht aus der Definition des Verbrechens in Art. 7 StGB eindeutig hervor und ist dadurch bedingt, daß das sowjetische Strafrecht nicht zwischen Verbrechen im engeren Sinne, Vergehen und Übertretungen unterscheidet.

Besondere Schwierigkeiten machte die Übersetzung des russischen Wortes „chiščenie", das als „Entwendung" wiedergegeben wurde. In der russischen Systematik der Vermögensdelikte trägt der Begriff den Charakter eines Oberbegriffs, während z. B. Diebstahl und Betrug nach sowjetischem Strafrecht als verschiedene Erscheinungsformen der „Entwendung" gelten. Das russische Wort „imuščestvo", deutsch „Vermögen", ist in diesem Zusammenhang nicht im Sinne einer Gesamtheit von Rechten zu verstehen, sondern im Sinne von Sachen aus der Gesamtheit der entweder im staatlichen oder gesellschaftlichen Eigentum oder im persönlichen Eigentum der Bürger befindlichen Sachen.

Der russische Ausdruck „chuliganstvo" wurde durch „Hooliganismus" wiedergegeben. Für denselben Begriff werden in der Literatur noch die Ausdrücke „Rowdytum" und „Hooligantum" verwandt.

Der russische Ausdruck „tovariščeskie sudy" wurde durch „Kameradschaftsgerichte" wiedergegeben. Daneben werden in der Literatur die Ausdrücke „Kameradengerichte" und „Genossengerichte" für dieselbe Institution gebraucht.

Die 1961 veröffentlichte Übersetzung[9]) wurde neu durchgesehen und auch da, wo der Originaltext unverändert geblieben ist, in einigen Fällen verbessert. Dank der inzwischen erschienenen Literatur zu den neuen Strafgesetzen, insbesondere mit Hilfe des 1962 in Leningrad erschienenen Kommentars zum StGB 1960[10]), konnten verschiedene frühere Unklarheiten beseitigt werden.

---

9) Vgl. Fußnote 5), Abs. 2.

10) Kommentarij k ugolovnomu kodeksu RSFSR 1960, Leningrad 1962.

Strafgesetzbuch der RSFSR

ALLGEMEINER TEIL

Erstes Kapitel

Allgemeine Bestimmungen

Art. 1

Aufgaben des Strafgesetzbuchs der RSFSR

Das Strafgesetzbuch der RSFSR hat die Aufgabe, die sowjetische gesellschaftliche und staatliche Ordnung, das sozialistische Eigentum, die Persönlichkeit und die Rechte der Bürger sowie die sozialistische Rechtsordnung gegenüber verbrecherischen Angriffen zu schützen. Zur Verwirklichung dieser Aufgabe bestimmt das Strafgesetzbuch der RSFSR, welche sozialgefährlichen Handlungen verbrecherisch sind, und bestimmt die Strafen, die Anwendung gegenüber Personen finden, die Verbrechen begangen haben.

Art. 2

Das Strafgesetzbuch der RSFSR und die Strafgesetzgebung der Union

Das Strafgesetzbuch der RSFSR geht von den in den Grundlagen der Strafgesetzgebung der UdSSR und der Unionsrepubliken festgelegten Grundsätzen und allgemeinen Bestimmungen aus.

Die Unionsgesetze über die strafrechtliche Verantwortlichkeit für Staatsverbrechen und für Militärverbrechen sowie die Unionsgesetze, die die Verantwortlichkeit für sonstige gegen die Interessen der UdSSR gerichtete Verbrechen festlegen, sind in diesem Gesetzbuch enthalten. Vor der Einbeziehung der Unions-Strafgesetze in das Strafgesetzbuch der RSFSR finden sie auf dem Territorium der RSFSR unmittelbare Anwendung.

Der Allgemeine Teil dieses Gesetzbuches findet Anwendung sowohl auf Handlungen, die in diesem Gesetzbuch genannt sind, als auch auf Handlungen, für welche die Verantwortlichkeit in solchen Unionsgesetzen vorgesehen ist, die in dieses Gesetzbuch noch nicht aufgenommen worden sind.

Art. 3

Grundlagen strafrechtlicher Verantwortlichkeit

Strafrechtlich verantwortlich ist und der Bestrafung unterliegt nur, wer ein Verbrechen schuldhaft begangen hat, d. h. vorsätzlich oder fahrlässig eine im Strafgesetzbuch vorgesehene sozialgefährliche Handlung begangen hat.

Eine Kriminalstrafe wird nur auf Grund eines Gerichtsurteils verhängt.

Zweites Kapitel
Geltung des Strafgesetzbuchs

Art. 4
Geltung dieses Gesetzbuchs für Taten, die auf dem Territorium der RSFSR begangen wurden

Jeder, der auf dem Territorium der RSFSR ein Verbrechen begangen hat, ist nach diesem Gesetzbuch verantwortlich.

Haben diplomatische Vertreter auswärtiger Staaten oder andere Bürger, die gemäß den geltenden Gesetzen und internationalen Abkommen den sowjetischen Gerichtsbehörden nicht unterstehen, auf dem Territorium der RSFSR ein Verbrechen begangen, so wird die Frage ihrer strafrechtlichen Verantwortlichkeit auf diplomatischem Wege entschieden.

Art. 5
Geltung dieses Strafgesetzbuchs für Taten, die im Ausland begangen wurden

Die strafrechtliche Verantwortlichkeit der Staatsangehörigen der UdSSR, die im Ausland Verbrechen begangen haben, richtet sich nach diesem Gesetzbuch, wenn sie auf dem Territorium der RSFSR zur strafrechtlichen Verantwortung gezogen oder dem Gericht übergeben wurden.

Nach denselben Grundsätzen sind Staatenlose verantwortlich, die sich in der RSFSR aufhalten und im Ausland Verbrechen begangen haben.

Wenn die in den Absätzen 1 und 2 dieses Artikels genannten Personen für begangene Verbrechen bereits im Ausland Strafen verbüßt haben, kann das Gericht die von ihm verhängte Strafe entsprechend mildern oder dem Schuldigen die Strafverbüßung erlassen.

Ausländer sind für Verbrechen, die außerhalb des Staatsgebiets der UdSSR begangen wurden, nach sowjetischen Strafgesetzen in den Fällen verantwortlich, die in internationalen Abkommen vorgesehen sind.

Art. 6
Zeitliche Geltung des Strafgesetzbuchs

Der verbrecherische Charakter und die Strafbarkeit einer Handlung werden durch dasjenige Gesetz bestimmt, das im Zeitpunkt der Tatbegehung galt.

Ein Gesetz, das die Strafbarkeit einer Handlung aufhebt oder eine Strafe mildert, hat rückwirkende Kraft, d. h. es findet auch Anwendung auf Handlungen, die vor seinem Inkrafttreten begangen wurden.

Ein Gesetz, das die Strafbarkeit einer Handlung einführt oder eine Strafe erhöht, hat keine rückwirkende Kraft.

Drittes Kapitel
Das Verbrechen

Art. 7
Begriff des Verbrechens

Als Verbrechen gilt eine im Besonderen Teil dieses Gesetzbuchs vorgesehene sozialgefährliche Handlung (Tun oder Unterlassen), die gegen die sowjetische gesellschaftliche oder staatliche Ordnung, das sozialistische Wirtschaftssystem, das sozialistische Eigentum, die Persönlichkeit, gegen politische, Arbeits-, Vermögens- und andere Rechte der Bürger gerichtet ist und ebenso jede andere gegen die sozialistische Rechtsordnung gerichtete sozialgefährliche Handlung, wenn sie im Besonderen Teil dieses Gesetzbuchs vorgesehen ist.

Kein Verbrechen ist ein Tun oder Unterlassen, das zwar formal die Merkmale einer im Besonderen Teil dieses Gesetzbuchs vorgesehenen Handlung enthält, jedoch wegen Geringfügigkeit nicht sozialgefährlich ist.

Art. 8
Vorsätzliche Tatbegehung

Ein Verbrechen gilt als vorsätzlich begangen, wenn der Täter den sozialgefährlichen Charakter seines Tuns oder Unterlassens kannte, seine sozialgefährlichen Folgen voraussah und sie wollte oder bewußt den Eintritt dieser Folgen zuließ.

Art. 9
Fahrlässige Tatbegehung

Ein Verbrechen gilt als fahrlässig begangen, wenn der Täter die Möglichkeit des Eintritts sozialgefährlicher Folgen seines Tuns oder Unterlassens voraussah, aber leichtfertig mit deren Nichteintritt rechnete oder aber die Möglichkeit des Eintritts solcher Folgen nicht voraussah, obwohl er sie voraussehen mußte oder konnte.

Art. 10
Verantwortlichkeit Minderjähriger

Strafrechtlich verantwortlich ist, wer vor Begehung des Verbrechens das sechzehnte Lebensjahr vollendet hat.

Wer im Alter zwischen vierzehn und sechzehn Jahren ein Verbrechen begangen hat, ist strafrechtlich nur für folgende Verbrechen verantwortlich: vorsätzliche Tötung (Artikel 102-106), vorsätzliche schwere Körperverletzung (Artikel 108-111, 112 Absatz 1), Notzucht (Artikel 117), Raub (Artikel 91 und 146), Diebstahl (Artikel 89 und 144), Plünderung (Artikel 90 und 145), böswilligen Hooliganismus (Artikel 206 Absatz 2), vorsätzliche Zerstörung oder Beschädigung staatlichen oder gesellschaftlichen Vermögens oder persönlichen Vermögens von Bürgern, wenn die Zerstörung oder Beschädigung schwere Folgen hatte (Artikel 98 Absatz 2 und 149 Absatz 2) sowie für vorsätzliche Begehung von Handlungen, die geeignet sind, ein Eisenbahnunglück herbeizuführen (Artikel 86).

Wenn das Gericht überzeugt ist, daß die Besserung eines minderjährigen Täters, dessen Verbrechen keine große soziale Gefahr darstellt, ohne Anwendung einer Kriminalstrafe möglich ist, kann es gegen einen solchen Täter Zwangsmaßnahmen erzieherischen Charakters anwenden, die nicht Kriminalstrafen sind (Artikel 63).

Bei Vorliegen der in Absatz 3 dieses Artikels genannten Bedingungen können dem Minderjährigen die strafrechtliche Verantwortlichkeit und die Strafe erlassen werden; über die Anwendung von Zwangsmaßnahmen erzieherischen Charakters gegen ihn entscheidet die Kommission für Angelegenheiten Minderjähriger.

Art. 11
Unzurechnungsfähigkeit

Strafrechtlich nicht verantwortlich ist, wer sich im Zeitpunkt der Begehung einer sozialgefährlichen Handlung im Zustand der Unzurechnungsfähigkeit befand, d. h. infolge chronischer Geisteskrankheit, zeitweiliger Zerrüttung der Geistestätigkeit, Schwachsinns oder eines anderen krankhaften Zustandes sich keine Rechenschaft über seine Handlungen[11]) geben oder diese nicht kontrollieren konnte. Gegen solche Täter können auf Anordnung des Gerichts Zwangsmaßnahmen medizinischen Charakters angewandt werden (Artikel 58-61).

Ebenfalls ist strafrechtlich nicht verantwortlich, wer ein Verbrechen im Zustand der Zurechnungsfähigkeit begangen hat, aber vor Urteilsfällung durch das Gericht an einer Geisteskrankheit erkrankt ist, die es ihm unmöglich macht, sich Rechenschaft über seine Handlungen zu geben oder sie zu kontrollieren. Gegen solche Täter können auf Anordnung des Gerichts Zwangsmaßnahmen medizinischen Charakters angewandt werden; nach der Heilung können sie der Bestrafung unterliegen.

Art. 12
Verantwortlichkeit für ein Verbrechen, das im Rausch begangen wurde

Wer im Rausch ein Verbrechen begangen hat, wird der strafrechtlichen Verantwortlichkeit nicht enthoben.

---

[11]) Dejstvie, bisher als „Tun" übersetzt, bedeutet hier und in einigen folgenden Fällen „Handlung".

Art. 13
Notwehr

Kein Verbrechen ist eine Handlung, die zwar einen strafrechtlichen Tatbestand erfüllt, der im Besonderen Teil dieses Gesetzbuchs vorgesehen ist, jedoch in Notwehr begangen wurde, d. h. bei Verteidigung der Interessen des Sowjetstaates, öffentlicher Interessen, der Persönlichkeit oder der Rechte des in Notwehr Handelnden oder einer anderen Person gegen einen sozialgefährlichen Angriff mittels Schadenszufügung gegenüber dem Angreifer, wenn dabei die Grenzen der notwendigen Verteidigung nicht überschritten wurden.

Als Überschreitung der Notwehr gilt ein offensichtliches Mißverhältnis zwischen der Verteidigung einerseits und dem Charakter wie auch der Gefährlichkeit des Angriffs andererseits.

Art. 14
Notstand

Kein Verbrechen ist eine Handlung, die zwar einen strafrechtlichen Tatbestand erfüllt, der im Besonderen Teil dieses Gesetzbuchs vorgesehen ist, jedoch im Notstand begangen wurde, d. h. zur Abwendung einer Gefahr, die die Interessen des Sowjetstaates, die öffentlichen Interessen, die Persönlichkeit oder Rechte der betreffenden Person oder anderer Bürger bedroht, wenn diese Gefahr bei den gegebenen Umständen nicht auf andere Weise abgewendet werden konnte, und wenn der zugefügte Schaden geringer ist als der verhinderte.

Art. 15
Verantwortlichkeit für die Vorbereitung und den Versuch eines Verbrechens

Als Vorbereitung eines Verbrechens gilt das Bereitstellen oder Zurichten von Mitteln oder Werkzeugen oder ein anderes vorsätzliches Schaffen von Bedingungen für die Begehung eines Verbrechens.

Als Versuch eines Verbrechens gilt eine vorsätzliche Handlung, die unmittelbar auf die Begehung eines Verbrechens gerichtet ist, wenn dabei das Verbrechen aus Gründen nicht vollendet wurde, die vom Willen des Täters unabhängig waren.

Die Strafe für Vorbereitung und Versuch eines Verbrechens bestimmt sich nach dem Artikel des Besonderen Teils dieses Gesetzbuchs, der die Verantwortlichkeit für das betreffende vollendete Verbrechen vorsieht.

Bei der Festsetzung der Strafe berücksichtigt das Gericht den Charakter und den Umfang der Sozialgefährlichkeit der vom Täter begangenen Handlungen, den Grad der Verwirklichung des verbrecherischen Vorsatzes und die Gründe, aus denen das Verbrechen nicht vollendet wurde.

Art. 16
Freiwilliger Rücktritt

Wer freiwillig von der Vollendung eines Verbrechens zurücktritt, ist strafrechtlich nur dann verantwortlich, wenn die tatsächlich von ihm begangene Handlung den Tatbestand eines anderen Verbrechens erfüllt.

Art. 17
Teilnahme

Als Teilnahme gilt das vorsätzliche Zusammenwirken zweier oder mehrerer Personen bei der Begehung eines Verbrechens.

Als Teilnehmer an einem Verbrechen gelten neben den Tätern auch die Organisatoren, Anstifter und Gehilfen.

Als Täter gilt, wer das Verbrechen unmittelbar begangen hat.*)

Als Organisator gilt, wer die Begehung des Verbrechens organisiert oder geleitet hat.

Als Anstifter gilt, wer zur Begehung des Verbrechens bestimmt hat.

Als Gehilfe gilt, wer zur Begehung des Verbrechens mit Ratschlägen, Hinweisen, Zurverfügungstellung von Mitteln oder durch Beseitigung von Hindernissen beigetragen hat, und ebenso, wer im voraus versprochen hat, den Täter, Werkzeuge und Mittel der Tatbegehung oder mittels eines Verbrechens erworbene Gegenstände zu verbergen oder die Spuren der Tat zu beseitigen.

Grad und Charakter der Mitwirkung eines jeden Teilnehmers an der Begehung des Verbrechens sind vom Gericht bei der Festsetzung der Strafe zu berücksichtigen.

Art. 18
Begünstigung

Eine nicht im voraus versprochene Verbergung des Täters sowie der Mittel und Werkzeuge der Tatbegehung, der Spuren der Tat oder der Gegenstände, die mittels des Verbrechens erworben wurden, zieht nur in den im Besonderen Teil dieses Gesetzbuchs ausdrücklich vorgesehenen Fällen Verantwortlichkeit nach sich.

Art. 19
Nichtanzeige

Die Nichtanzeige eines glaubwürdig bekannt gewordenen, drohenden oder ausgeführten Verbrechens zieht nur in den im Besonderen Teil dieses Gesetzbuchs ausdrücklich vorgesehenen Fällen strafrechtliche Verantwortlichkeit nach sich.

---

*) In allen anderen Artikeln ist „Täter" gleichbedeutend mit „Delinquent", russ.: „prestupnik" oder „vinovnyj" (d. Übers.).

Viertes Kapitel
Die Strafe

Art. 20
Strafzwecke

Die Strafe ist nicht nur eine Sühne für das begangene Verbrechen, sondern bezweckt auch die Besserung und Umerziehung der Verurteilten im Geiste eines redlichen Verhaltens zur Arbeit, der strikten Einhaltung der Gesetze und der Achtung der Regeln des sozialistischen Gemeinschaftslebens sowie die Warnung vor der Begehung neuer Verbrechen, sei es durch die Verurteilten, sei es durch andere.

Die Strafe zielt nicht darauf ab, physische Leiden zuzufügen oder die Menschenwürde zu verletzen.

Art. 21
Arten der Strafe

Gegen Personen, die ein Verbrechen begangen haben, können folgende Strafen verhängt werden:

1. Freiheitsentziehung;
2. Verbannung;
3. Ausweisung;
4. Besserungsarbeit ohne Freiheitsentziehung;
5. Aberkennung des Rechts, bestimmte Ämter zu bekleiden oder eine bestimmte Tätigkeit auszuüben;
6. Geldstrafe;
7. Amtsenthebung;
8. Auferlegung der Schadenswiedergutmachung;
9. Öffentlicher Tadel;
10. Vermögenskonfiskation;
11. Aberkennung eines militärischen Dienstgrades oder einer Amtsbezeichnung.

Gegen wehrpflichtige Militärpersonen kann außerdem die Strafe in Form der Abkommandierung in ein Strafbataillon verhängt werden.

Art. 22
Haupt- und Nebenstrafen

Freiheitsentziehung, Besserungsarbeit ohne Freiheitsentziehung, öffentlicher Tadel, Abkommandierung in ein Strafbataillon sind Hauptstrafen.

Verbannung, Ausweisung, Aberkennung des Rechts, bestimmte Ämter zu bekleiden oder eine bestimmte Tätigkeit auszuüben, Geldstrafe, Amtsenthebung, Auferlegung der Schadenswiedergutmachung können als Haupt- oder Nebenstrafen verhängt werden.

Vermögenskonfiskation und Aberkennung eines militärischen Dienstgrades oder einer Amtsbezeichnung können nur als Nebenstrafen verhängt werden.

Art. 23
Todesstrafe als außerordentliche Strafmaßnahme

Als außerordentliche Strafmaßnahme wird bis zu ihrer vollständigen Abschaffung die Verhängung der Todesstrafe durch Erschießen zugelassen, und zwar wegen *Staatsverbrechen in den vom Gesetz der UdSSR „Über die strafrechtliche Verantwortlichkeit für Staatsverbrechen" vorgesehenen Fällen*, wegen vorsätzlicher Tötung bei erschwerenden Umständen, *die in den die Verantwortlichkeit für vorsätzliche Tötung betreffenden Artikeln der Strafgesetze der UdSSR* und dieses Gesetzbuchs genannt sind *sowie wegen einiger anderer besonders schwerer Verbrechen.*

Zum Tode kann nicht verurteilt werden, wer bei Begehung des Verbrechens das achtzehnte Lebensjahr nicht vollendet hat, ebenso eine Frau, die sich im Zeitpunkt der Tatbegehung oder bei Urteilsfällung im Zustand der Schwangerschaft befindet. Die Todesstrafe kann nicht an einer Frau vollzogen werden, die sich im Zeitpunkt des Urteilsvollzugs im Zustand der Schwangerschaft befindet.

Art. 24
Freiheitsentziehung

Freiheitsentziehung wird auf die Dauer von drei Monaten bis zu zehn Jahren verhängt und für besonders schwere Verbrechen und gegen besonders gefährliche Rückfällige in den vom Besonderen Teil dieses Gesetzbuches vorgesehenen Fällen auf höchstens fünfzehn Jahre.

Bei einer Person, die bis zur Verbrechensbegehung das achtzehnte Lebensjahr noch nicht vollendet hat, darf die Freiheitsentziehung zehn Jahre nicht übersteigen.

Zu Freiheitsentziehung verurteilte Volljährige verbüßen die Strafe in Besserungsarbeitskolonien oder im Gefängnis, Minderjährige in einer Arbeitskolonie für Minderjährige.

Freiheitsentziehung in Form der Gefängnisstrafe kann vom Gericht für die Gesamtdauer der Strafe oder für einen Teil davon gegen Personen verhängt werden, die schwere Verbrechen begangen haben, sowie gegen besonders gefährliche Rückfällige.

Personen, die mindestens die Hälfte ihrer Gefängnisstrafe bei vorbildlicher Führung verbüßt haben, kann die Gefängnisstrafe auf Anordnung des Gerichts durch Aufenthalt in der Kolonie ersetzt werden.

Personen, die böswillig die Ordnung in der Besserungsarbeitskolonie verletzen, kann die Verbüßung der Strafe in der Kolonie auf

Anordnung des Gerichts durch Gefängnisstrafe bis zu drei Jahren ersetzt werden, wobei die restliche Dauer der Strafe in der Besserungsarbeitskolonie zu verbüßen ist.

Die Art und Weise und die Bedingungen der Verbüßung der Freiheitsentziehung regelt das Gesetzbuch der RSFSR über die Besserungsarbeit.

Die Arbeitsbeschaffung für Personen, die aus Freiheitsentzugsanstalten entlassen sind, obliegt den Exekutivkomitees der örtlichen Sowjets der Deputierten der Werktätigen.

Anmerkung I: Als besonders gefährlicher Rückfälliger kann durch Gerichtsurteil erkannt werden:

1. ein Täter, der früher wegen eines besonders gefährlichen Staatsverbrechens (Artikel 64—73), wegen Banditentums (Artikel 77), *wegen Herstellung zum Zwecke des Inverkehrbringens oder wegen Inverkehrbringens von Falschgeld oder von gefälschten Wertpapieren (Artikel 87), wegen Verletzung der Vorschriften über Devisengeschäfte (Artikel 88),* wegen Entwendung staatlichen oder gesellschaftlichen Vermögens in großem Umfang (Artikel 89 Absatz 3, 90 Absatz 3, 92 Absatz 3, 93 Absatz 3) *oder in besonders großem Umfang (Artikel* 93^1*),* wegen Raubes (Artikel 91 und 146), wegen vorsätzlicher Tötung (Artikel 102, 103 und 240 Buchstabe c), wegen vorsätzlicher schwerer Körperverletzung (Artikel 108), wegen Notzucht (Artikel 117), *wegen Bestechung bei erschwerenden Umständen (Artikel 173 Absatz 2, 174 Absatz 2,* 174^1 *Absatz 2) oder wegen Angriffs auf das Leben eines Angehörigen der Miliz oder der freiwilligen Volkswachten (Artikel* 191^2*)* verurteilt worden war und erneut eines der aufgezählten Verbrechen begangen hat, unabhängig davon, welches dieser Verbrechen zur ersten Verurteilung des Täters geführt hat;
2. ein Täter, der bereits früher *in beliebiger Reihenfolge* zweimal wegen Diebstahls (Artikel 89 und 144), wegen Plünderung (Artikel 90 und 145), wegen Betruges (Artikel 93 und 147), wegen Spekulation (Artikel 154), wegen böswilligen Hooliganismus (Artikel 206 Absatz 2), *wegen gewerbsmäßiger oder in großem Umfang begangener Veräußerung von Vermögen, von dem der Täter weiß, daß es auf verbrecherische Weise erlangt wurde (Artikel 208 Absatz 4)* verurteilt worden war und danach eines der in Ziffer 1 dieser Anmerkung aufgezählten Verbrechen begangen hat, sowie ein Täter, der früher wegen eines der in Ziffer 1 dieser Anmerkung aufgezählten Verbrechen verurteilt worden war und danach zweimal *in beliebiger Reihenfolge* Diebstahl, Plünderung, Betrug, Spekulation, böswilligen Hooliganismus, *gewerbsmäßige oder in großem Umfang begangene Veräußerung von Vermögen, von dem der Täter weiß, daß es auf verbrecherische Weise erlangt wurde,* begangen hat;

3. ein Täter, der früher bereits dreimal *in beliebiger Reihenfolge* wegen Diebstahls, Plünderung, Betruges, Spekulation, böswilligen Hooliganismus oder *gewerbsmäßiger oder in großem Umfang begangener Veräußerung von Vermögen, von dem der Täter weiß, daß es auf verbrecherische Weise erlangt wurde,* verurteilt worden war und danach eines dieser Verbrechen begangen hat;
4. *ein Täter, der bei Verbüßung der Strafe in Freiheitentzugsanstalten ein vorsätzliches Verbrechen begangen hat, unabhängig von dem früher begangenen Verbrechen.*

Bei der Prüfung der Frage, ob der Täter ein besonders gefährlicher Rückfälliger ist, berücksichtigt das Gericht den Charakter und den Grad der Sozialgefährlichkeit des begangenen Verbrechens, die Persönlichkeit des Täters und die Tatumstände.

Bei *Entscheidung der Frage über* die Qualifizierung eines Täters als besonders gefährlicher Rückfälliger finden *Vorstrafen wegen* Verbrechen, die dieser im Alter bis zu achtzehn Jahren begangen hat sowie Vorstrafen, die in gesetzlich vorgeschriebener Weise getilgt oder aufgehoben worden sind, keine Berücksichtigung.

Anmerkung II: *Als schwere Verbrechen gelten: besonders gefährliche Staatsverbrechen (Artikel 64—73), Banditentum (Artikel 77), Handlungen, die die Arbeit der Besserungsarbeitsanstalten stören (Artikel 77[1]), Massenunruhen (Artikel 79), Beschädigung von Verkehrswegen und Verkehrsmitteln (Artikel 86), Herstellung oder Inverkehrbringen von Falschgeld und von gefälschten Wertpapieren (Artikel 87), Verletzung der Vorschriften über Devisengeschäfte (Artikel 88), Entwendung staatlichen oaer gesellschaftlichen Vermögens in großem Umfang (Artikel 89 Absatz 3, 90 Absatz 3, 92 Absatz 3, 93 Absatz 3) oder in besonders großem Umfang (Artikel 93[1]), Plünderung bei erschwerenden Umständen (Artikel 90 Absatz 2, 145 Absatz 2), Raub (Artikel 91 und 146), vorsätzliche Zerstörung oder Beschädigung staatlichen oder gesellschaftlichen Vermögens oder persönlichen Vermögens von Bürgern bei erschwerenden Umständen (Artikel 98 Absatz 2, 149 Absatz 2), vorsätzliche Tötung (Artikel 102 und 103), vorsätzliche schwere Körperverletzung (Artikel 108), Notzucht (Artikel 117), Spekulation bei erschwerenden Umständen (Artikel 154 Absatz 2), Überschreitung der Amtsgewalt oder der Dienstvollmachten bei erschwerenden Umständen (Artikel 171 Absatz 2), Annahme, Hingabe einer Bestechung oder Vermittlung bei einer Bestechung (Artikel 173, 174, und 174[1]), Heranziehung eines wissentlich Unschuldigen zur strafrechtlichen Verantwortung bei erschwerenden Umständen (Artikel 176 Absatz 2), Rechtsbeugung mit schweren Folgen (Artikel 177 Absatz 2), Aussagenerpressung bei erschwerenden Umständen (Artikel 179 Absatz 2), Angriff auf das Leben eines Angehörigen der Miliz oder der freiwilligen*

Volkswachten (Artikel 191^{2}), böswilliger Hooliganismus (Artikel 206 Absatz 2), Gehorsamsverweigerung bei erschwerenden Umständen (Artikel 238 Buchstaben b und c), Widerstand gegen einen Vorgesetzten oder dessen Nötigung zur Verletzung von Dienstpflichten (Artikel 240), Gewalt gegen einen Vorgesetzten (Artikel 242), Fahnenflucht (Artikel 247), vorsätzliche Zerstörung oder Beschädigung von Militärgut bei erschwerenden Umständen (Artikel 251 Buchstaben b und c), Verletzung der Dienstvorschriften auf Funkposten und in Bereitschaftsabteilungen (Artikel 257 Buchstaben a, c und d).

Art. 25
Verbannung

Die Verbannung besteht in der Entfernung des Verurteilten aus seinem Wohnsitz und der Zwangsansiedlung an einem bestimmten Ort.

Die Verbannung kann sowohl als Hauptstrafe als auch als Nebenstrafe für die Dauer von zwei bis zu fünf Jahren verhängt werden. Die Verbannung als Nebenstrafe kann nur in den, in den Artikeln des Besonderen Teils dieses Gesetzbuchs ausdrücklich bezeichneten Fällen verhängt werden.

Die Arbeitsbeschaffung für die Verbannten obliegt den Exekutivkomitees der örtlichen Sowjets der Deputierten der Werktätigen.

Die Verbannung findet keine Anwendung auf Personen, die vor Begehung des Verbrechens das achtzehnte Lebensjahr nicht vollendet haben, auf Frauen im Zustand der Schwangerschaft und solche, die Kindern im Alter unter achtzehn Jahren Unterhalt gewähren.

Die Art und Weise, die Orte und Bedingungen der Verbüßung der Verbannung regelt die Gesetzgebung der UdSSR und der RSFSR.

Art. 26
Ausweisung

Die Ausweisung besteht in der Entfernung des Verurteilten aus seinem Wohnsitz unter Verbot des Aufenthaltes an bestimmten Orten.

Die Ausweisung kann sowohl als Hauptstrafe als auch als Nebenstrafe für die Dauer von zwei bis zu fünf Jahren verhängt werden. Die Ausweisung als Nebenstrafe kann nur in den in den Artikeln des Besonderen Teils dieses Gesetzbuchs ausdrücklich genannten Fällen verhängt werden.

Die Ausweisung findet keine Anwendung auf Personen, die vor Begehung des Verbrechens das Alter von achtzehn Jahren noch nicht erreicht haben, auf Frauen im Zustand der Schwangerschaft und solche, die Kindern im Alter unter achtzehn Jahren Unterhalt gewähren.

Das Verfahren und die Bedingungen der Ausweisung regelt die Gesetzgebung der UdSSR und der RSFSR.

Art. 27

Besserungsarbeit ohne Freiheitsentziehung

Besserungarbeit ohne Freiheitsentziehung wird für die Dauer von einem Monat bis zu einem Jahr verhängt und nach Maßgabe des Strafurteils entweder am Arbeitsplatz des Verurteilten oder an anderen Orten, die von den für den Vollzug der Besserungsarbeit zuständigen Organen zu bestimmen sind, aber innerhalb des Wohnbezirks des Verurteilten, verbüßt.

Vom Arbeitsentgeld des zu Besserungsarbeit ohne Freiheitsentziehung Verurteilten wird zugunsten des Staates ein Betrag einbehalten, dessen Höhe, im Rahmen von fünf bis zu zwanzig Prozent, durch das Strafurteil festgesetzt wird.

Personen, die als arbeitsunfähig anerkannt sind, kann das Gericht die Besserungsarbeit durch Geldstrafe, öffentlichen Tadel oder Auferlegung der Schadenswiedergutmachung ersetzen.

Die Dauer der Verbüßung der Besserungsarbeit, auch wenn diese am Arbeitsplatz des Verurteilten erfolgt, wird auf das Dienstalter nicht angerechnet.

Unter der Voraussetzung gewissenhafter Arbeit und beispielhafter Führung des Verurteilten während der Verbüßung der Besserungsarbeit kann das Gericht nach Verbüßung dieser Strafe durch den Verurteilten auf Antrag einer gesellschaftlichen Organisation oder des Kollektivs der Werktätigen die Zeit der Verbüßung der Besserungsarbeit auf das Dienstalter anrechnen.

Art. 28

Folgen der Umgehung der Besserungsarbeit

Entzieht sich eine Person der Verbüßung der Besserungsarbeit am Arbeitsplatz, so kann das Gericht diese durch Besserungsarbeit an Orten ersetzen, die von den für den Vollzug dieser Strafe zuständigen Organen zu bestimmen sind. Entzieht sich der Täter der Besserungsarbeit an Orten, die von den genannten Organen bestimmt wurden, so kann das Gericht die Besserungsarbeit durch Freiheitsentziehung ersetzen, wobei je drei Tage der unverbüßten Besserungsarbeit durch einen Tag Freiheitsentziehung ersetzt werden.

Art. 29

Aberkennung des Rechts, bestimmte Ämter zu bekleiden oder eine bestimmte Tätigkeit auszuüben

Die Aberkennung des Rechts, bestimmte Ämter zu bekleiden oder eine bestimmte Tätigkeit auszuüben, kann vom Gericht für die Dauer von einem bis zu fünf Jahren als Haupt- oder Nebenstrafe angeordnet werden.

Diese Strafe kann verhängt werden in Fällen, in denen es das Gericht in Anbetracht des Charakters des vom Täter im Amte oder bei Ausübung einer bestimmten Tätigkeit begangenen Verbrechens für unmöglich erachtet, diesem das Recht zu belassen, bestimmte Ämter zu bekleiden oder eine bestimmte Tätigkeit auszuüben.

Bei der Verhängung dieser Strafe als Nebenstrafe bei Freiheitsentziehung erstreckt sie sich auf die ganze Dauer der Verbüßung und darüber hinaus auf die volle durch das Urteil festgesetzte Dauer. Wenn dagegen die Aberkennung des Rechts, bestimmte Ämter zu bekleiden oder eine bestimmte Tätigkeit auszuüben, als Nebenstrafe zu einer anderen Art der Hauptstrafe verhängt wurde, so wird die Dauer vom Zeitpunkt des Beginns der Verbüßung der Hauptstrafe gerechnet.

Art. 30

Geldstrafe

Die Geldstrafe besteht in der Zahlung eines Geldbetrages, der vom Gericht in den von den entsprechenden Artikeln des Besonderen Teils dieses Gesetzbuchs bestimmten Fällen und Grenzen auferlegt wird.

Das Maß der Geldstrafe bestimmt sich nach der Schwere des begangenen Verbrechens unter Berücksichtigung der Vermögenslage des Täters.

Ist die Beitreibung der Geldstrafe unmöglich, so kann das Gericht ihre Ersetzung durch Besserungsarbeit ohne Freiheitsentziehung bis zu höchstens einem Jahr beschließen, wobei zehn Rubel Geldstrafe einem Monat Besserungsarbeit entsprechen.

Die Ersetzung der Geldstrafe durch Freiheitsentziehung und der Freiheitsentziehung durch Geldstrafe ist unzulässig.

In Gegenstände, die der Konfiskation nicht unterliegen, kann die Geldstrafe nicht vollstreckt werden.

Art. 31

Amtsenthebung

Die Amtsenthebung kann vom Gericht angeordnet werden, wenn das weitere Verbleiben des Verurteilten in dem von ihm bekleideten Amt als unmöglich angesehen wird.

Art. 32

Auferlegung der Schadenswiedergutmachung

Die Schadenswidergutmachung besteht in der unmittelbaren Beseitigung des zugefügten Schadens mit eigenen Kräften oder im Ersatz des materiellen Schadens aus eigenen Mitteln oder in einer öffentlichen Entschuldigung gegenüber dem Verletzten oder den Mitgliedern des Kollektivs in der vom Gericht zu bestimmenden Form.

Die Strafe in Form der Auferlegung der unmittelbaren Schadenswiedergutmachung mit eigenen Kräften kann verhängt werden, wenn bei Berücksichtigung des Charakters des zugefügten Schadens das Gericht erkennt, daß der Täter fähig ist, diesen auf die bezeichnete Art unmittelbar zu beseitigen.

Die Strafe in Form der Auferlegung der Wiedergutmachung des materiellen Schadens aus eigenen Mitteln kann verhängt werden, wenn der Umfang des zugefügten Schadens einhundert Rubel nicht übersteigt.

Die Strafe in Form der Auferlegung der Verpflichtung, sich öffentlich gegenüber dem Verletzten oder den Mitgliedern des betreffenden Kollektivs zu entschuldigen, kann verhängt werden, wenn ein Angriff auf die Unverletzlichkeit oder die Würde der Persönlichkeit oder eine Verletzung der Regeln des sozialistischen Gemeinschaftslebens erfolgt war, ohne daß materieller Schaden zugefügt wurde.

Wenn der Verurteilte innerhalb der vom Gericht festgesetzten Frist den Schaden nicht wiedergutgemacht hat, kann das Gericht diese Strafe durch Besserungsarbeit oder durch Geldstrafe oder durch Amtsenthebung oder durch öffentlichen Tadel ersetzen.

In diesem sowie in dem Falle, daß ein materieller Schaden im Werte von über einhundert Rubel zugefügt wurde, erfolgt der Ersatz des zugefügten Schadens in dem von der Zivilprozeßordnung vorgeschriebenen Verfahren.

Art. 33
Öffentlicher Tadel

Der öffentliche Tadel besteht darin, daß das Gericht dem Schuldigen öffentlich eine Rüge erteilt und erforderlichenfalls diese durch die Presse oder auf andere Weise zur Kenntnis der Öffentlichkeit bringt.

Art. 34
Abkommandierung von Militärpersonen, die ein Verbrechen begangen haben, in ein Strafbataillon und die Ersetzung der Besserungsarbeit durch Arrest in der Hauptwache

Gegen wehrpflichtige Militärpersonen, die ein Verbrechen begangen haben, kann die Abkommandierung in ein Strafbataillon für die Dauer von drei Monaten bis zu zwei Jahren in den vom Gesetz vorgesehenen Fällen verhängt werden sowie in denjenigen Fällen, in denen das Gericht bei Berücksichtigung der Sachlage und der Persönlichkeit der Verurteilten es für zweckmäßig erachtet, statt der Freiheitsentziehung bis zu zwei Jahren die Abkommandierung in ein Strafbataillon für die gleiche Dauer anzuordnen.

Besserungsarbeit ohne Freiheitsentziehung wird bei Militärpersonen durch Arrest in der Hauptwache bis zu zwei Monaten ersetzt.

Art. 35
Vermögenskonfiskation

Die Vermögenskonfiskation besteht in zwangsweiser und entschädigungsloser Überführung des ganzen oder eines Teils des im persönlichen Eigentum stehenden Vermögens des Verurteilten in staatliches Eigentum. Wenn sich die Konfiskation auf nur einen Teil des Vermögens erstreckt, so muß das Gericht darauf hinweisen, welcher Teil des Vermögens von der Konfiskation betroffen ist, oder es muß die zu konfiszierenden Gegenstände aufzählen.

Der Konfiskation unterliegen nicht Gegenstände, die für den Verurteilten oder für Personen, denen er Unterhalt gewährt, entsprechend dem im Anhang zu diesem Strafgesetzbuch enthaltenen Verzeichnis unerläßlich sind.

Die Vermögenskonfiskation kann nur wegen Staatsverbrechen und schwerer Verbrechen aus Gewinnsucht in den in den Artikeln des Besonderen Teils dieses Gesetzbuchs vorgesehenen Fällen angeordnet werden.

Bei der Vermögenskonfiskation haftet der Staat nicht für Schulden und sonstige Verbindlichkeiten des Verurteilten, wenn sie entstanden sind, nachdem seitens der Ermittlungs-, Untersuchungs- oder Gerichtsorgane Maßnahmen zur Erhaltung des Vermögens getroffen worden sind, und wenn sie ohne das Einverständnis dieser Organe entstanden sind.

Bei Forderungen, die aus dem konfiszierten Vermögen zu befriedigen sind, haftet der Staat nur in den Grenzen der Aktiva, wobei hinsichtlich der Rangfolge der zu befriedigenden Forderungen die Vorschriften der Zivilprozeßordnung der RSFSR Anwendung finden.

Art. 36
Aberkennung militärischer oder sonstiger Dienstgrade sowie Entziehung von Orden, Medaillen und Ehrentiteln

Wird wegen eines schweren Verbrechens eine Person verurteilt, die Inhaber eines militärischen Dienstgrades oder einer Amtsbezeichnung ist, so kann ihr durch Urteil des Gerichts dieser Dienstgrad oder diese Amtsbezeichnung aberkannt werden.

Wird wegen eines schweren Verbrechens eine Person verurteilt, die mit einem Orden oder einer Medaille ausgezeichnet ist oder die einen Ehrentitel führt, der ihr vom Präsidium des Obersten Sowjets der UdSSR, vom Präsidium des Obersten Sowjets der RSFSR oder einer anderen Unionsrepublik sowie einer autonomen Republik verliehen wurde oder die Inhaber eines militärischen oder sonstigen Dienstgrades ist, der ihr vom Präsidium des Obersten Sowjets der UdSSR oder vom Ministerrat der UdSSR, vom Ministerrat der RSFSR oder einer anderen Unionsrepublik zuerkannt wurde, so entscheidet das Gericht bei Urteilsfällung darüber, ob es zweckmäßig ist, dem Organ der Staatsgewalt, das den Verurteilten mit einem Orden oder einer Medaille ausgezeichnet hat oder ihm einen Titel verliehen hat, vorzuschlagen, dem Verurteilten den Orden oder die Medaille oder den Ehrentitel, sei es ein militärischer oder ein ziviler, zu entziehen.

Fünftes Kapitel

Verhängung und Erlaß der Strafe

Art. 37

Allgemeine Prinzipien der Verhängung der Strafe

Das Gericht verhängt die Strafe in den Grenzen, die von demjenigen Artikel des Besonderen Teils dieses Gesetzbuchs bestimmt werden, der die Verantwortlichkeit für das begangene Verbrechen vorsieht, in genauer Übereinstimmung mit den Bestimmungen der Grundlagen der Strafgesetzgebung der UdSSR und der Unionsrepubliken und des Allgemeinen Teils dieses Gesetzbuchs. Bei der Festsetzung der Strafe berücksichtigt das Gericht, geleitet vom sozialistischen Rechtsbewußtsein, den Charakter und den Grad der Sozialgefährlichkeit des begangenen Verbrechens, die Persönlichkeit des Täters und die Umstände der Tat, welche die Verantwortlichkeit vermindern oder erhöhen.

Art. 38

Umstände, die die Verantwortlichkeit vermindern

Bei der Strafzumessung gelten als die Verantwortlichkeit vermindernde Umstände:

1. die Abwendung schädlicher Folgen des begangenen Verbrechens durch den Täter oder freiwilliger Ersatz des zugefügten Schadens oder dessen Wiedergutmachung;
2. die Begehung des Verbrechens infolge Zusammentreffens schwieriger persönlicher oder familiärer Verhältnisse;
3. die Begehung des Verbrechens unter Einfluß von Drohung oder Zwang oder infolge von materieller, dienstlicher oder sonstiger Abhängigkeit;
4. die erstmalige Begehung des Verbrechens infolge eines zufälligen Zusammentreffens von Umständen, wenn dieses Verbrechen keine große soziale Gefahr darstellt;
5. die Begehung des Verbrechens unter Einfluß einer starken seelischen Erregung, die durch rechtswidrige Handlungen des Geschädigten hervorgerufen wurde;
6. die Begehung des Verbrechens bei Verteidigung gegenüber einem

sozialgefährlichen Angriff trotz Überschreitung der Grenzen der Notwehr;
7. die Begehung des Verbrechens durch einen Minderjährigen;
8. die Begehung des Verbrechens durch eine Frau im Zustand der Schwangerschaft;
9. aufrichtige Reue oder Selbstanzeige sowie aktive Mithilfe bei der Aufdeckung des Verbrechens.

Bei der Strafzumessung kann das Gericht auch andere Umstände als die Verantwortlichkeit vermindernd berücksichtigen.

Art. 39

Umstände, die die Verantwortlichkeit erhöhen

Bei der Strafzumessung gelten als die Verantwortlichkeit erhöhende Umstände:

1. die Begehung des Verbrechens durch eine Person, die bereits früher ein Verbrechen begangen hat.
   Das Gericht ist berechtigt, je nach dem Charakter des ersten Verbrechens, dieses nicht als erschwerenden Umstand zu berücksichtigen;
2. die Begehung des Verbrechens durch eine organisierte Gruppe;
3. die Begehung des Verbrechens aus gewinnsüchtigen oder anderen niedrigen Beweggründen;
4. die Verursachung schwerer Folgen durch das Verbrechen;
5. die Begehung des Verbrechens an einem Minderjährigen, einem Greis oder einer Person, die sich in einer hilflosen Lage befindet, sowie an einer Person, die sich in materieller, dienstlicher oder sonstiger Abhängigkeit vom Täter befindet;
6. die Anstiftung Minderjähriger zur Begehung eines Verbrechens oder ihre Heranziehung zur Teilnahme an einem Verbrechen;
7. die Begehung des Verbrechens mit besonderer Grausamkeit oder unter Verhöhnung des Verletzten;
8. die Begehung des Verbrechens unter Ausnutzung einer öffentlichen Notlage;
9. die Begehung des Verbrechens in gemeingefährlicher Weise;
10. die Begehung des Verbrechens, das mit dem Gebrauch einer Quelle erhöhter Gefahr in Zusammenhang steht, durch eine Person, die sich im Zustand des Rausches befindet;
11. falsche Anschuldigung einer Person wider besseres Wissen;
12. die Begehung eines neuen Verbrechens durch eine Person, die gegen Bürgschaft überantwortet war, während der Dauer der Bürgschaft oder innerhalb eines Jahres nach Verstreichen dieser Frist.

Art. 40
Festsetzung der Strafe bei der Begehung mehrerer Verbrechen

Wenn jemand der Begehung zweier oder mehrerer Verbrechen, die verschiedene Artikel des Besonderen Teils dieses Gesetzbuchs verletzten, für schuldig befunden wurde und noch wegen keines von ihnen verurteilt ist, erkennt das Gericht nach Festsetzung der Einzelstrafen für jedes Verbrechen abschließend auf eine Gesamtstrafe, wobei entweder die schwerere Strafe die weniger schwere umfaßt oder die festgesetzten Strafen ganz oder teilweise zusammengelegt werden, wobei die Grenzen des die schwerere Strafe androhenden Artikels nicht überschritten werden dürfen.

Mit der Hauptstrafe kann jede beliebige Nebenstrafe verbunden werden, sofern sie in den Artikeln des Besonderen Teils dieses Gesetzbuchs vorgesehen ist, die die Veantwortlichkeit für diejenigen Verbrechen bestimmen, deren Begehung der Täter für schuldig befunden wurde.

Nach denselben Grundsätzen wird die Strafe festgesetzt, wenn nach Urteilsfällung festgestellt wird, daß der Verurteilte noch eines anderen Verbrechens schuldig ist, das er vor Urteilsfällung in der ersten Sache begangen hat. In diesem Falle wird auf die Dauer der Strafe die ganz oder teilweise auf Grund des ersten Urteils verbüßte Strafe angerechnet.

Art. 41
Festsetzung der Strafe auf Grund mehrerer Urteile

Wenn der Verurteilte nach Urteilsfällung, aber vor vollständiger Verbüßung der Strafe, ein neues Verbrechen begangen hat, verbindet das Gericht mit der auf Grund des neuen Urteils festgesetzten Strafe ganz oder teilweise den noch nicht verbüßten Teil der durch das vorausgegangene Urteil verhängten Strafe.

Bei Zusammenlegung von Strafen in der in diesem Artikel vorgesehenen Weise darf die Gesamtdauer der Strafe die Höchstdauer nicht übersteigen, die dieses Gesetzbuch für die betreffende Art der Strafe bestimmt. Bei Zusammenlegung von Freiheitsstrafen darf die Gesamtstrafdauer zehn Jahre nicht übersteigen und bei Verbrechen, wegen derer dieses Gesetzbuch die Anordnung der Freiheitsentziehung für die Dauer von mehr als zehn Jahren zuläßt, darf sie fünfzehn Jahre nicht übersteigen.

Bei Zusammenlegung von Freiheitsentziehung und Aufenthalt in einem Strafbataillon entspricht einem Tag Freiheitsentziehung ein Tag Aufenthalt im Strafbataillon.

Bei Zusammenlegung von Freiheitsentziehung und Verbannung, Ausweisung oder Besserungsarbeit entsprechen einem Tag Freiheitsentziehung drei Tage Verbannung, Ausweisung oder Besserungsarbeit.

Auf Freiheitsentziehung und Geldstrafe sowie auf Besserungsarbeit und Geldstrafe erkennende Urteile werden getrennt vollstreckt.

Art. 42
Verfahren bei der Festsetzung der Strafdauer

Die Dauer der Freiheitsentziehung, des Aufenthalts im Strafbataillon, der Verbannung, Ausweisung, Besserungarbeit sowie der Aberkennung des Rechts, bestimmte Ämter zu bekleiden oder eine bestimmte Tätigkeit auszuüben, wird nach Monaten und Jahren berechnet, die Dauer des Arrests in der Hauptwache nach Tagen und Monaten.

Bei Ersetzung oder Zusammenlegung der Strafen ist die Berechnung der genannten Strafen nach Tagen zulässig.

Art. 43
Festsetzung einer milderen als der im Gesetz vorgesehenen Strafe

Wenn das Gericht bei Berücksichtigung außerordentlicher Umstände des Falles und der Persönlichkeit des Täters, es für notwendig erachtet, die unterste Grenze des vom Gesetz für das betreffende Verbrechen vorgesehenen Strafe zu unterschreiten oder eine andere, mildere Art der Strafe anzuwenden, kann es die Strafe entsprechend mildern, wobei es seine Beweggründe zwingend darlegen muß.

Art. 44
Bedingte Verurteilung

Wenn das Gericht bei der Festsetzung der Strafe in Form von Freiheitsentziehung oder von Besserungsarbeit, bei Berücksichtigung der Umstände des Falles und der Persönlichkeit des Täters die Überzeugung gewinnt, daß die Verbüßung der festgesetzten Strafe unzweckmäßig wäre, kann es bedingten Straferlaß beschließen. Der bedingte Straferlaß ist im Urteil zu begründen. In diesem Fall beschließt das Gericht, das Urteil nicht zu vollstrecken, wenn während einer durch das Gericht festgesetzten Bewährungsfrist der Verurteilte kein neues gleichartiges oder nicht weniger schweres Verbrechen begeht.

Die Bewährungsfrist wird vom Gericht für die Dauer von einem bis zu fünf Jahren festgesetzt.

Bei bedingter Verurteilung können Nebenstrafen mit Ausnahme der Geldstrafe nicht verhängt werden.

Unter Berücksichtigung der Umstände des Falles, der Persönlichkeit des Täters sowie der Anträge öffentlicher Organisationen oder des Kollektivs der Arbeiter, Angestellten oder Kolchosbauern vom Arbeitsplatz des Schuldigen auf dessen bedingte Verurteilung kann das Gericht diesen Organisationen oder dem Kollektiv die Verpflichtung zur Umerziehung und Besserung des bedingt Verurteilten auferlegen.

Wenn das Gericht bedingte Verurteilung bei Fehlen der genannten Anträge anordnet, kann es einem bestimmten Kollektiv von Werktätigen oder einer Person mit deren Einverständnis die Verpflichtung auferlegen, über den bedingt Verurteilten Aufsicht zu führen und auf ihn erzieherisch einzuwirken.

Auf Antrag gesellschaftlicher Organisationen oder des Kollektivs der Werktätigen, denen die Aufsicht über den bedingt Verurteilten übertragen worden war, kann das Gericht die durch das Urteil festgesetzte Bewährungsfrist verkürzen. Eine Verkürzung der Bewährungsfrist kann erst nach Ablauf von mindestens der Hälfte der Frist in Betracht gezogen werden.

Die Registrierung der bedingt Verurteilten und die allgemeine Aufsicht über ihre Führung übt das Gericht aus, welches das Urteil gefällt hat.

Art. 45

Festsetzung der Strafe gegen einen bedingt Verurteilten im Falle der Begehung eines neuen Verbrechens durch diesen

Begeht der bedingt Verurteilte während der Bewährungsfrist ein neues gleichartiges oder nicht weniger schweres Verbrechen, so verhängt das Gericht gegen ihn eine Strafe nach den Vorschriften, die Artikel 41 dieses Gesetzbuchs vorsieht.

Art. 46

Strafaussetzung bei einer Militärperson oder einem Wehrdienstpflichtigen in Kriegszeiten

In Kriegszeiten kann das Gericht den Vollzug eines auf Freiheitsentziehung lautenden Urteils bis zur Beendigung der Kriegshandlungen aussetzen und den Verurteilten in die Feldarmee abkommandieren, wenn das Urteil gegen eine Militärperson oder einen Wehrdienstpflichtigen, der der Einberufung oder Mobilmachung unterliegt, gefällt wurde. Das Gericht kann in diesen Fällen auch die Vollstreckung der Nebenstrafen aussetzen.

Wenn der in die Feldarmee abkommandierte Verurteilte sich als ein standhafter Beschützer des sozialistischen Vaterlandes erweist, kann das Gericht auf Antrag des entsprechenden Militärkommandos ihm die Strafe ganz erlassen oder sie durch eine andere, mildere ersetzen.

Begeht eine Person, bei der die Urteilsvollstreckung ausgesetzt worden war, ein neues Verbrechen, so verbindet das Gericht die

Strafe mit der früher festgesetzten nach den Vorschriften, die Artikel 41 dieses Gesetzbuchs vorsieht.

Art. 47

Anrechnung der Untersuchungshaft

Die Dauer der Untersuchungshaft wird vom Gericht auf die Strafe angerechnet, und zwar entspricht ein Tag Untersuchungshaft einem Tag Freiheitsentziehung oder Abkommandierung in ein Strafbataillon bzw. drei Tagen Besserungsarbeit, Verbannung oder Ausweisung.

Bei Festsetzung anderer Strafen kann das Gericht unter Anrechnung der Untersuchungshaft die von ihm festgesetzte Strafe entsprechend mildern oder dem Verurteilten den Strafvollzug ganz erlassen.

Art. 48

Verjährung der Strafverfolgung

Eine Person kann nicht zur strafrechtlichen Verantwortung gezogen werden, wenn seit dem Tage des von ihr begangenen Verbrechens folgende Fristen verstrichen sind:

1. ein Jahr seit dem Tage der Begehung der in folgenden Artikeln vorgesehenen Verbrechen: 94, 96, 97, 112 Absatz 2, 131, 143, 158 Absatz 1, 165, 166, 182, 192, 197, 198, 200, 207 und 209;
2. drei Jahre seit dem Tage der Begehung eines Verbrechens, für das nach diesem Gesetzbuch Freiheitsentziehung bis zu zwei Jahren oder eine an Freiheitsentziehung nicht gebundene Strafe verhängt werden kann, außer Verbrechen, die in den in Ziffer 1 genannten Artikeln vorgesehen sind;
3. fünf Jahre seit dem Tage der Begehung eines Verbrechens, für das nach diesem Gesetzbuch Freiheitsentziehung bis zu fünf Jahren verhängt werden kann;
4. zehn Jahre seit dem Tage der Begehung eines Verbrechens, für das nach diesem Gesetzbuch eine schwerere Strafe als Freiheitsentziehung von fünf Jahren verhängt werden kann.

Die Verjährung wird unterbrochen, wenn jemand vor Ablauf der genannten Fristen ein neues Verbrechen begeht, das nach diesem Gesetzbuch mit Freiheitsentziehung von mehr als zwei Jahren bestraft werden kann. Die Verjährung beginnt in diesem Falle mit dem Zeitpunkt der Begehung des neuen Verbrechens.

Die Verjährung ruht, wenn jemand, der ein Verbrechen begangen hat, sich der Voruntersuchung oder dem Gericht entzieht. In diesem Falle setzt die Verjährung mit dem Zeitpunkt der Festnahme oder der Selbstanzeige des Täters wieder ein. Dabei kann der Täter nicht zur strafrechtlichen Verantwortung gezogen werden, wenn seit der Begehung des Verbrechens fünfzehn Jahre verstrichen sind und die Verjährung nicht durch die Begehung eines neues Verbrechens unterbrochen wurde.

Das Gericht hat zu entscheiden, ob es bei Verbrechen, die nach dem Gesetz mit dem Tode bestraft werden können, aber bereits verjährt sind, den Täter zur strafrechtlichen Verantwortung ziehen will. Wenn das Gericht Bestrafung für erforderlich erachtet, kann jedenfalls nicht die Todesstrafe verhängt werden, sondern sie wird durch Freiheitsentziehung ersetzt.

Art. 49
Verjährung eines Strafurteils

Ein Strafurteil wird nicht vollstreckt, wenn es innerhalb folgender Fristen — gerechnet vom Tage der Rechtskraft des Urteils an — nicht vollstreckt wurde:

1. drei Jahre — bei Verurteilung zu Freiheitsentziehung bis zu zwei Jahren oder zu einer Strafe, die an Freiheitsentziehung nicht gebunden ist;
2. fünf Jahre — bei Verurteilung zu Freiheitsentziehung bis zu fünf Jahren;
3. zehn Jahre — bei Verurteilung zu einer schwereren Strafe als Freiheitsentziehung von fünf Jahren.

Die Verjährung wird unterbrochen, wenn der Verurteilte sich der Strafverbüßung entzieht oder vor Ablauf der Fristen ein neues Verbrechen begeht, für dessen Begehung vom Gericht eine Freiheitsstrafe von mindestens einem Jahr, Verbannung oder Ausweisung von mindestens drei Jahren verhängt wurde. Die Verjährung beginnt im Falle der Begehung eines neues Verbrechens mit dem Zeitpunkt seiner Begehung und in Fällen, in denen sich der Verurteilte der Strafverbüßung entzieht, mit dem Zeitpunkt, da sich dieser zwecks Strafverbüßung stellt, oder mit dem Zeitpunkt der Festnahme des sich verbergenden Verurteilten. Das Strafurteil kann nicht vollstreckt werden, wenn seit Urteilsfällung fünfzehn Jahre verstrichen sind und wenn die Verjährung nicht durch die Begehung eines neuen Verbrechens unterbrochen wurde.

Das Gericht hat bei Verjährung darüber zu entscheiden, ob es gegenüber einer Person, die zum Tode verurteilt worden ist, von der Vollstreckung der Strafe absehen will. Wenn das Gericht Bestrafung für erforderlich erachtet, wird die Todesstrafe durch Freiheitsentziehung ersetzt.

Art. 50
Erlaß der strafrechtlichen Verantwortlichkeit und der Strafe

Einer Person, die ein Verbrechen begangen hat, kann die strafrechtliche Verantwortlichkeit erlassen werden, wenn anerkannt wird, daß im Zeitpunkt der Voruntersuchung oder der Gerichtsverhandlung infolge veränderter Verhältnisse die begangene Tat ihren sozialgefährlichen Charakter verloren hat oder der Täter aufgehört hat, sozialgefährlich zu sein.

Einer Person, die ein Verbrechen begangen hat, kann die Strafe erlassen werden, wenn anerkannt wird, daß sie infolge nachträglicher makelloser Führung und redlichen Verhaltens zur Arbeit im Zeitpunkt der Gerichtsverhandlung nicht mehr als sozialgefährlich angesehen werden kann.

Art. 51

Erlaß der strafrechtlichen Verantwortlichkeit bei Abgabe der Sache an das Kameradschaftsgericht

Einer Person können die strafrechtliche Verantwortlichkeit und die Strafe erlassen werden, und die Sache kann an das Kameradschaftsgericht zur Verhandlung abgegeben werden, wenn sie erstmals eine der folgenden Handlungen, die im Besonderen Teil dieses Gesetzbuchs vorgesehen sind, begangen hat:

1. vorsätzliche leichte Körperverletzung oder das Zufügen von Schlägen, die keine Gesundheitsbeschädigung verursacht haben (Artikel 112 Absatz 2), Verbreitung falscher, ein Mitglied des Kollektivs entehrender Tatsachen innerhalb des Kollektivs (Artikel 130 Absatz 1), Beleidigung (Artikel 131);
2. eine andere Handlung, wegen der nach einem Artikel des Besonderen Teils dieses Gesetzbuches die Anwendung von Maßnahmen gesellschaftlicher Einwirkung zulässig ist;
3. ein anderes geringfügiges Verbrechen, wenn nach der Art der begangenen Handlung und der Persönlichkeit des Täters dieser ohne Verhängung einer Strafe mittels Maßnahmen der gesellschaftlichen Einwirkung gebessert werden kann.

Art. 52

Erlaß der strafrechtlichen Verantwortlichkeit bei Überantwortung des Täters gegen Bürgschaft

Wenn nach den Umständen des Falles das vom Täter begangene Verbrechen und der Täter selbst keine große soziale Gefahr darstellen und wenn seine Handlung keine schweren Folgen verursacht hat und er selbst aufrichtig bereut hat, so können auf Antrag einer gesellschaftlichen Organisation oder des Kollektivs der Werktätigen diesem Täter die strafrechtliche Verantwortlichkeit und die Strafe erlassen werden und er zur Umerziehung und Besserung derjenigen gesellschaftlichen Organisation oder dem Kollektiv der Werktätigen gegen Bürgschaft überantwortet werden, die den Antrag gestellt haben.

Gegen Bürgschaft kann nicht eine Person überantwortet werden, die bereits früher wegen der Begehung eines vorsätzlichen Verbrechens verurteilt oder gegen Bürgschaft überantwortet war.

Ebenso kann eine Person nicht gegen Bürgschaft überantwortet werden, die sich für unschuldig hält oder aus irgendwelchen Gründen auf der Verhandlung der Sache vor Gericht besteht.

Wenn eine Person, die gegen Bürgschaft überantwortet worden war, innerhalb eines Jahres das Vertrauen des Kollektivs enttäuscht, das Versprechen, durch vorbildliche Führung und redliche Arbeit ihre Besserung zu beweisen, verletzt hat, sich den Normen des sozialistischen Gemeinschaftslebens nicht unterwirft oder das Arbeitskollektiv mit dem Ziel, sich der gesellschaftlichen Einwirkung zu entziehen, verlassen hat, so trifft die gesellschaftliche Organisation oder das Kollektiv der Werktätigen, das die Verantwortung für sie gegen Bürgschaft übernommen hat, eine Entscheidung über die Verweigerung der Bürgschaft. Von der Entscheidung unterrichtet es die Staatsanwaltschaft oder das Gericht, damit eine Heranziehung des Schuldigen zur strafrechtlichen Verantwortung wegen des Verbrechens, das zu seiner Überantwortung gegen Bürgschaft geführt hatte, geprüft wird.

Art. 53

Vorfristige Entlassung mit Bewährungsfrist und Ersetzung der Strafe durch eine mildere

Wenn ein zu Freiheitsentziehung, zu Besserungsarbeit, zu Verbannung, Ausweisung oder Abkommandierung in ein Strafbataillon Verurteilter durch beispielhafte Führung und ein redliches Verhalten zur Arbeit seine Besserung bewiesen hat, kann das Gericht nach effektiver Verbüßung von mindestens der Hälfte der festgesetzten Strafe eine vorfristige Entlassung mit Bewährungsfrist oder die Ersetzung des nicht verbüßten Teils der Strafe durch eine mildere Strafe anordnen. Dabei können dem Verurteilten auch Nebenstrafen in Form der Verbannung, Ausweisung oder der Aberkennung des Rechts, bestimmte Ämter zu bekleiden oder eine bestimmte Tätigkeit auszuüben, erlassen werden.

Vorfristige Entlassung mit Bewährungsfrist und Ersetzung des unverbüßten Teils der Strafe durch eine mildere Strafe können nach effektiver Verbüßung von mindestens zwei Dritteln der vom Gericht festgesetzten Strafe auf Personen Anwendung finden, die wegen Massenunruhen (Artikel 79), wegen Beschädigung von Verkehrswegen und Transportmitteln (Artikel 86), wegen Entwendung staatlichen oder gesellschaftlichen Vermögens in großem Umfang (Artikel 89 Absatz 3, 90 Absatz 3, 92 Absatz 3, 93 Absatz 3), wegen Plünderung unter erschwerenden Umständen (Artikel 90 Absatz 2, 145 Absatz 2), wegen vorsätzlicher Zerstörung oder Beschädigung staatlichen oder gesellschaftlichen Vermögens oder persönlichen Vermögens von Bürgern bei erschwerenden Umständen (Artikel 98 Absatz 2, 149 Absatz 2), wegen vorsätzlicher Tötung (Artikel 103), wegen vorsätzlicher schwerer Körperverletzung (Artikel 108), wegen Notzucht (Artikel 117 Absatz 1 und 2), *wegen Spekulation bei erschwerenden Umständen (Artikel 154 Absatz 2),* wegen Überschreitung der Amtsgewalt oder der Dienstvollmachten unter erschwerenden Umständen (Artikel 171 Absatz 2), wegen passiver *oder aktiver* Bestechung *oder Vermittlung bei einer Bestechung (Artikel 173 Absatz 1, 174 Absatz 1, 174*[1] *Absatz 1),* wegen Heranziehung eines Unschuldigen zur strafrechtlichen Verantwortung wider besseres Wissen bei erschwerenden Umständen (Artikel 176 Absatz 2), wegen Rechtsbeugung mit schweren Folgen (Artikel 177 Absatz 2), wegen Aussagenerpressung unter erschwerenden Umständen (Artikel 179 Absatz 2), *wegen Angriffs auf das Leben eines Angehörigen der Miliz oder der freiwilligen Volkswachten (Artikel 191*[2]*),* wegen böswilligen Hooliganismus (Artikel 206 Absatz 2), wegen Gehorsamsverweigerung *bei erschwerenden Umständen* (Artikel 238 Buchstaben b und c), wegen Widerstands gegen einen Vorgesetzten oder dessen Nötigung zur Verletzung von Dienstpflichten *bei Fehlen der Merkmale einer vorsätzlichen Tötung* (Artikel 240), wegen Gewaltanwendung gegen einen Vorgesetzten (Artikel 242), *wegen Fahnenflucht (Artikel 247), wegen vorsätzlicher Vernichtung oder Beschädigung von Militärgut bei erschwerenden Umständen (Artikel 251 Buchstaben b und c), wegen Verletzung der Dienstvorschriften auf Funkposten und in Bereitschaftsabteilungen (Artikel 257 Buchstaben a, c, d)* verurteilt wurden.

Dieselbe Vorschrift findet Anwendung auf Personen, die bereits früher wegen eines der oben aufgezählten Verbrechen verurteilt worden waren und danach wegen der Begehung eines Diebstahls unter erschwerenden Umständen (Artikel 89 Absatz 2 und 144 Absatz 2) verurteilt wurden, sowie auf Personen, die bereits früher wegen Diebstahls unter erschwerdenden Umständen verurteilt worden waren und die erneut wegen Diebstahls unter erschwerenden Umständen verurteilt wurden.

Bei der Anwendung der vorfristigen Entlassung mit Bewährungsfrist kann das Gericht einem bestimmten Kollektiv der Werktätigen oder einer Einzelperson mit deren Einverständnis die Verpflichtung auferlegen, über den vorzeitig mit Bewährungsfrist Entlassenen Aufsicht zu führen und während der Dauer des nicht verbüßten Teils der Strafe auf ihn erzieherisch einzuwirken.

Vorfristige Entlassung mit Bewährungsfrist und Ersetzung des unverbüßten Teils der Strafe durch eine mildere Strafe findet keine Anwendung auf:

1. besonders gefährliche Rückfällige;
2. *Personen, die vorfristig mit Bewährungsfrist entlassen worden sind oder denen der unverbüßte Teil der Strafe durch eine mildere*

Strafe ersetzt worden ist, wenn diese Personen vor Ablauf der ursprünglichen Strafdauer ein neues vorsätzliches Verbrechen begangen haben, für das sie zu Freiheitsentziehung verurteilt wurden;

3. *Personen, die wegen besonders gefährlicher Staatsverbrechen (Artikel 64—73), wegen Banditentums (Artikel 77), wegen Handlungen, welche die Arbeit der Besserungsarbeitsanstalten stören (Artikel 77[1]), wegen Herstellung oder Inverkehrbringens von Falschgeld oder von gefälschten Wertpapieren (Artikel 87), wegen Verletzung der Vorschriften über Devisengeschäfte (Artikel 88), wegen Entwendung staatlichen oder gesellschaftlichen Vermögens in besonders großem Umfang (Artikel 93[1]), wegen vorsätzlicher Tötung bei erschwerenden Umständen (Artikel 102 und 240 Buchstabe c), wegen Notzucht, die durch eine Gruppe von Personen begangen wurde oder schwere Folgen hatte, sowie Notzucht an einer Minderjährigen (Artikel 117 Absatz 3), wegen Raubes (Artikel 91 und 146), wegen passiver, aktiver Bestechung oder Vermittlung bei einer Bestechung bei erschwerenden Umständen (Artikel 173 Absatz 2, 174 Absatz 2, 174[1] Absatz 2), wegen Angriffs auf das Leben eines Angehörigen der Miliz oder der freiwilligen Volkswachten im Zusammenhang mit dessen Dienstausübung oder gesellschaftlicher Tätigkeit zum Schutze der öffentlichen Ordnung bei erschwerenden Umständen (Artikel 191[2]) verurteilt wurden.*

Art. 54
Festsetzung der Strafe wegen der Begehung eines neuen Verbrechens durch den vorfristig mit Bewährungsfrist Entlassenen

Begeht eine Person, die vorfristig mit Bewährungsfrist entlassen worden war, vor Ablauf der Gesamtstrafdauer, ein neues gleichartiges oder weniger schweres Verbrechen, so setzt das Gericht eine Strafe nach den in Artikel 41 dieses Strafgesetzbuchs vorgesehenen Vorschriften fest. Hierbei kann das Gericht die Hauptstrafe mit einer Nebenstrafe verbinden, die in dem ersten Strafurteil ausgesprochen worden war.

Art. 55
Straferlaß und Ersetzung der Strafe durch eine mildere gegenüber Personen, die im Alter bis zu achtzehn Jahren ein Verbrechen begangen haben

Wenn der zur Freiheitsentziehung oder Besserungsarbeit wegen eines im Alter unter achtzehn Jahren begangenen Verbrechens Verurteilte durch vorbildliche Führung und redliches Verhalten gegenüber der Arbeit und der Ausbildung seine Besserung bewiesen und mindestens ein Drittel der Strafe effektiv verbüßt hat, kann das Gericht anordnen:

1. vorfristige Entlassung mit Bewährungsfrist, wenn diese Entlassung nach Vollendung des achtzehnten Lebensjahres des Verurteilten angeordnet wird, oder
2. vorfristige Entlassung, wenn die Entlassung vor Vollendung des achtzehnten Lebensjahres des Verurteilten angeordnet wird, oder
3. die Ersetzung des unverbüßten Teils der Strafe durch eine mildere Strafe.

Art. 56
Erlaß des Strafvollzugs

Der Erlaß des Strafvollzugs sowie die Milderung der verhängten Strafe können, abgesehen vom Straferlaß oder der Strafmilderung durch Amnestie oder Begnadigung, nur durch das Gericht in den Fällen und in der Weise erfolgen, die im Gesetz vorgesehen sind.

Art. 57
Tilgung der Vorstrafe

Als nicht vorbestraft gelten:

1. Personen, denen die Strafe auf Grund der Artikel 49 und 50 dieses Strafgesetzbuchs erlassen wurde;
2. Personen, die die Strafe in einem Strafbataillon verbüßt haben oder vorfristig daraus entlassen wurden, sowie Militärpersonen, die die Strafe in Form von Arrest in der Hauptwache anstelle von Besserungsarbeit verbüßt haben;
3. bedingt verurteilte Personen, wenn sie während der Bewährungsfrist kein neues Verbrechen begehen;
4. Personen, die zu öffentlichem Tadel, Auferlegung der Verpflichtung zur Schadenswiedergutmachung, Amtsenthebung, Geldstrafe, Aberkennung des Rechts, bestimmte Ämter zu bekleiden oder eine bestimmte Tätigkeit auszuüben oder zu Besserungsarbeit verurteilt worden sind, wenn sie im Verlauf eines Jahres nach Verbüßung der Strafe kein neues Verbrechen begehen;
5. Personen, die zu Freiheitsentziehung bis zu drei Jahren, zu Verbannung oder Ausweisung verurteilt worden sind, wenn sie im Verlauf von drei Jahren nach Verbüßung der Strafe (Haupt- und Nebenstrafe) kein neues Verbrechen begehen;
6. Personen, die zu Freiheitsentziehung von drei bis zu sechs Jahren verurteilt worden sind, wenn sie innerhalb von fünf Jahren nach Verbüßung der Strafe (Haupt- und Nebenstrafe) kein neues Verbrechen begehen;
7. Personen, die zu Freiheitsentziehung von sechs bis zu zehn Jahren verurteilt worden sind, wenn sie im Verlauf von acht Jahren nach Verbüßung der Strafe (Haupt- und Nebenstrafe) kein neues Verbrechen begehen;
8. Personen, die zu Freiheitsentziehung von mehr als zehn Jahren

verurteilt worden sind, wenn sie im Verlauf von acht Jahren nach Verbüßung der Strafe (Haupt- und Nebenstrafe) kein neues Verbrechen begehen und wenn vom Gericht festgestellt wird, daß der Verurteilte sich gebessert hat und daß keine Notwendigkeit besteht, die Vorstrafe bestehen zu lassen.

Wenn ein zu Freiheitsentziehung Verurteilter nach der Verbüßung der Strafe durch vorbildliche Führung und redliches Verhalten zur Arbeit seine Besserung bewiesen hat, so kann das Gericht auf Antrag öffentlicher Organisationen vor Ablauf der in diesem Artikel genannten Fristen seine Vorstrafe tilgen.

Wenn die durch Strafurteil des Gerichts festgesetzte Strafe auf Grund eines Amnestie- oder Gnadenaktes oder der vorfristigen Entlassung mit oder ohne Bewährungsfrist verkürzt oder durch eine mildere Strafe ersetzt wurde, wird die Frist der Vorstrafentilgung berechnet, indem von der Dauer der effektiv verbüßten Strafe ausgegangen wird. Wenn die Strafe durch eine mildere ersetzt wurde, so wird die Dauer der effektiv verbüßten Strafe nach den Regeln berechnet, die in Artikel 47 dieses Gesetzbuches vorgesehen sind.

Die Frist der Tilgung der Vorstrafe wird vom Tage der Verbüßung der Strafe oder des Straferlasses an berechnet.

Sechstes Kapitel

Zwangsmaßnahmen medizinischen und erzieherischen Charakters

Art. 58

Anwendung von Zwangsmaßnahmen medizinischen Charakters gegen Geisteskranke

Gegen Personen, die im Zustand der Unzurechnungsfähigkeit sozialgefährliche Handlungen begangen haben oder die zwar solche Handlungen im Zustand der Zurechnungsfähigkeit begangen haben, aber bei denen vor Urteilsfällung oder während der Strafverbüßung eine Geisteskrankheit aufgetreten ist, die es ihnen unmöglich macht, sich Rechenschaft über ihre Handlungen zu geben oder diese zu steuern, können vom Gericht folgende Zwangsmaßnahmen medizinischen Charakters angewandt werden:

1. Unterbringung in einer psychiatrischen Klinik allgemeinen Typs;
2. Unterbringung in einer psychiatrischen Klinik besonderen Typs.

Art. 59

Unterbringung in einer psychiatrischen Klinik

Die zwangsweise Heilbehandlung in einer psychiatrischen Klinik allgemeinen Typs kann vom Gericht gegen einen Geisteskranken angeordnet werden, der nach seinem Geisteszustand und der Art der begangenen sozialgefährlichen Handlung des Aufenthaltes in einer Klinik und der zwangsweisen Heilbehandlung bedarf.

Die Unterbringung in einer psychiatrischen Klinik besonderen Typs kann vom Gericht gegen einen Geisteskranken angeordnet werden, der nach seinem Geisteszustand und der Art der von ihm begangenen sozialgefährlichen Handlung eine besondere Gefahr für die Gesellschaft darstellt.

Personen, die in einer psychiatrischen Klinik besonderen Typs untergebracht sind, werden unter verstärkter Aufsicht gehalten, die die Möglichkeit ausschließt, daß sie eine erneute sozialgefährliche Handlung begehen.

Art. 60

Anordnung, Abänderung und Aufhebung von Zwangsmaßnahmen medizinischen Charakters bei Geisteskranken

Das Gericht wählt, wenn es die Anordnung einer Zwangsmaßnahme medizinischen Charakters für erforderlich hält, die Art der Maßnahme entsprechend der Geisteskrankheit der Person, dem Charakter und dem Grad der Sozialgefährlichkeit der begangenen Handlung aus.

Die Aufhebung von Zwangsmaßnahmen medizinischen Charakters wird vom Gericht auf Grund eines Befundes der Heilanstalt im Falle der Genesung der Person oder einer solchen Veränderung des Charakters der Krankheit, bei der die Notwendigkeit einer Anwendung dieser Maßnahmen entfällt, angeordnet.

Eine Änderung der Art der Zwangsmaßnahme medizinischen Charakters wird vom Gericht gleichfalls auf Grund des Befundes der Heilanstalt angeordnet.

Wenn das Gericht eine Anwendung von Zwangsmaßnahmen medizinischen Charakters gegen den Geisteskranken nicht für erforderlich hält sowie im Falle der Aufhebung solcher Maßnahmen, kann das Gericht ihn Verwandten oder dem Vormund bei zwingender ärztlicher Aufsicht zur Pflege überlassen.

Art. 61

Anrechnung der Dauer von Zwangsmaßnahmen medizinischen Charakters

Gegen eine Person, bei der nach Begehung eines Verbrechens oder während der Strafverbüßung eine Geisteskrankheit aufgetreten ist, die es ihr unmöglich macht, sich über ihre Handlungen Rechenschaft zu geben oder diese zu steuern, kann nach ihrer Genesung vom Gericht eine Strafe verhängt werden, wenn die Verjährungsfristen noch nicht verstrichen sind oder wenn keine anderen Gründe für den Erlaß der strafrechtlichen Verantwortlichkeit und der Strafe bestehen.

Wenn gegen eine solche Person nach deren Genesung eine Strafe verhängt wird, so wird die Zeitdauer, während der Zwangsmaßnahmen medizinischen Charakters angewandt wurden, auf die Dauer der Strafe angerechnet.

Art. 62

Anwendung von Zwangsmaßnahmen medizinischen Charakters gegen Alkoholiker und Rauschgiftsüchtige oder Bestellung einer Vormundschaft für sie

Begeht ein Alkoholiker oder ein Rauschgiftsüchtiger ein Verbrechen, so kann das Gericht auf Antrag einer gesellschaftlichen Organisation, des Kollektivs der Werktätigen, des Kameradschaftsgerichts oder eines Organs der Gesundheitsfürsorge gegen eine solche Person neben der Strafe für das begangene Verbrechen die zwangsweise Heilbehandlung anordnen.

Soweit die genannten Personen zu nicht mit Freiheitsentziehung verbundenen Strafen verurteilt worden sind, unterliegen sie zwangsweiser Behandlung in Heilanstalten mit besonderem Heilverfahren und besonderer Arbeitsordnung.

Werden solche Personen zu Freiheitsentziehung verurteilt, so unterliegen sie während der Strafverbüßung der zwangsweisen Heilbehandlung; diese wird erforderlichenfalls nach der Entlassung aus der Freiheitsentzugsanstalt in medizinischen Anstalten mit besonderem Heilverfahren und besonderer Arbeitsordnung fortgesetzt.

Die Aufhebung der zwangsweisen Heilbehandlung wird vom Gericht auf Empfehlung der Heilanstalt, in der sich diese Person zum Zwecke der Heilung befindet, angeordnet.

Begeht eine Person, die Mißbrauch mit alkoholischen Getränken treibt und im Zusammenhang damit ihre Familie in eine schwierige materielle Lage bringt, ein Verbrechen, so ist das Gericht berechtigt, neben der Verhängung einer mit Freiheitsentziehung nicht verbundenen Strafe für das begangene Verbrechen auf Antrag einer gesellschaftlichen Organisation, des Kollektivs der Werktätigen oder eines Kameradschaftsgerichts für sie eine Vormundschaft zu bestellen.

Art. 63

Anwendung von Zwangsmaßnahmen erzieherischen Charakters gegen Minderjährige

Wenn das Gericht entsprechend Artikel 10 Absatz 3 dieses Strafgesetzbuchs es für zweckmäßig erachtet, gegen einen Minderjährigen, der ein Verbrechen begangen hat, keine Strafe zu verhängen, kann es folgende Zwangsmaßnahmen erzieherischen Charakters anordnen:

1. die Auferlegung der Pflicht, sich öffentlich oder in einer anderen vom Gericht zu bestimmenden Weise bei dem Verletzten zu entschuldigen;
2. die Erteilung eines Verweises oder eines strengen Verweises;

3. die Verwarnung;
4. die Auferlegung der Schadenswiedergutmachung bei einem Minderjährigen über fünfzehn Jahre, wenn der Minderjährige ein selbständiges Einkommen hat und wenn der Schadensbetrag zwanzig Rubel nicht übersteigt, oder die Auferlegung der Pflicht, durch eigene Arbeit den zugefügten materiellen Schaden, der zwanzig Rubel nicht übersteigt, zu beheben; bei einem Schaden im Werte von über zwanzig Rubel erfolgt der Schadenersatz auf dem Wege des Zivilprozeßverfahrens;
5. die Überantwortung des Minderjährigen unter die strenge Aufsicht der Eltern oder der sie vertretenden Personen;
6. die Überantwortung des Minderjährigen zur Beobachtung durch das Kollektiv der Werktätigen oder durch eine gesellschaftliche Organisation mit Einwilligung des Kollektivs oder der betreffenden Organisation sowie die Überantwortung an einzelne Bürger auf deren Antrag hin;
7. die Unterbringung in einer besonderen Heilerziehungs- oder Erziehungsanstalt für Kinder und Jugendliche;
8. die Überweisung des Minderjährigen in eine Erziehungskolonie für Minderjährige.

Dauer, Verfahren und Bedingungen des Aufenthalts von Minderjährigen in Erziehungskolonien und besonderen Heilerziehungsanstalten werden durch die Ordnung über die Kommissionen für Angelegenheiten Minderjähriger geregelt.

BESONDERER TEIL

Erstes Kapitel
Die Staatsverbrechen

I. Besonders gefährliche Staatsverbrechen

Art. 64

Vaterlandsverrat

a) Vaterlandsverrat, d. h. eine von einem Bürger der UdSSR zum Schaden der staatlichen Unabhängigkeit, der territorialen Integrität oder der militärischen Macht der UdSSR vorsätzlich begangene Handlung: Übertritt auf die Seite des Feindes, Spionage, Auslieferung von Staats- oder militärischen Geheimnissen an einen fremden Staat, **Flucht ins Ausland** oder die Weigerung, aus dem Ausland in die UdSSR zurückzukehren, Unterstützung einer ausländischen Macht bei der Durchführung feindseliger Tätigkeit gegen die UdSSR sowie Verschwörung mit dem Ziel der Machtergreifung

wird mit Freiheitsentziehung von zehn bis zu fünfzehn Jahren, verbunden mit Vermögenskonfiskation *und mit Verbannung von zwei bis zu fünf Jahren oder ohne Verbannung,* oder mit dem Tode, verbunden mit Vermögenskonfiskation, bestraft.

b) Ein Bürger der UdSSR, der von einem ausländischen Nachrichtendienst zur Durchführung einer feindseligen Tätigkeit gegen die UdSSR angeworben worden ist, unterliegt der strafrechtlichen Verantwortlichkeit nicht, wenn er zur Erfüllung des ihm erteilten verbrecherischen Auftrags keinerlei Handlungen vorgenommen hat und den Organen der Staatsgewalt freiwillig von seiner Beziehung zum ausländischen Nachrichtendienst Mitteilung gemacht hat.

Art. 65

Spionage

Die Auslieferung sowie die Entwendung oder das Sammeln von Nachrichten mit dem Ziele, sie einem fremden Staat, einer ausländischen Organisation oder deren Geheimdienst zu übergeben, wird, wenn diese Nachrichten Staats- oder militärische Geheimnisse enthalten, und ebenso die Auslieferung oder das Sammeln anderer Nachrichten im Auftrage eines ausländischen Nachrichtendienstes zum Zwecke ihrer Verwendung zum Schaden der Interessen der UdSSR wird, wenn die Spionage von einem Ausländer oder einem Staatenlosen begangen wurde, mit Freiheitsentziehung von sieben bis zu fünfzehn Jahren, verbunden mit Vermögenskonfiskation *und mit Verbannung von zwei bis zu fünf Jahren oder ohne Verbannung*, oder mit dem Tode, verbunden mit Vermögenskonfiskation, bestraft.

Art. 66

Terrorakt

Die Tötung eines Staats- oder gesellschaftlichen Funktionärs oder eines Vertreters der Staatsgewalt wird, wenn sie im Zusammenhang mit dessen staatlicher oder gesellschaftlicher Tätigkeit mit dem Ziel der Untergrabung oder Schwächung der Sowjetmacht begangen wurde,

mit Freiheitsentziehung von zehn bis zu fünfzehn Jahren, verbunden mit Vermögenskonfiskation *und mit Verbannung von zwei bis zu fünf Jahren oder ohne Verbannung*, oder mit dem Tode, verbunden mit Vermögenskonfiskation, bestraft.

Schwere Körperverletzung, die mit dem gleichen Ziel einem Staats- oder gesellschaftlichen Funktionär oder einem Vertreter der Staatsgewalt im Zusammenhang mit dessen staatlicher oder gesellschaftlicher Tätigkeit zugefügt wurde,

wird mit Freiheitsentziehung von acht bis zu fünfzehn Jahren, verbunden mit Vermögenskonfiskation *und mit Verbannung von zwei bis zu fünf Jahren oder ohne Verbannung*, bestraft.

Art. 67

Terrorakt gegen den Vertreter eines fremden Staates

Die Tötung des Vertreters eines fremden Staates mit dem Ziel der Provokation eines Krieges oder internationaler Verwicklungen

wird mit Freiheitsentziehung von zehn bis zu fünfzehn Jahren, verbunden mit Vermögenskonfiskation *und mit Verbannung von zwei bis zu fünf Jahren oder ohne Verbannung*, oder mit dem Tode, verbunden mit Vermögenskonfiskation, bestraft.

Schwere Körperverletzungen, die diesen Personen mit dem gleichen Ziel zugefügt wurden,

werden mit Freiheitsentziehung von acht bis zu fünfzehn Jahren, verbunden mit Vermögenskonfiskation *und mit Verbannung von zwei bis zu fünf Jahren oder ohne Verbannung*, bestraft.

Art. 68

Diversion

Die Zerstörung oder Beschädigung von Betrieben, Betriebsanlagen, Verkehrswegen und Verkehrsmitteln, Mitteln des Nachrichten- und Fernmeldewesens oder sonstigen staatlichen oder gesellschaftlichen Vermögens mittels Sprengung, Brandstiftung oder auf andere Weise, die Begehung von Massenvergiftungen oder die Verbreitung von Epidemien und Viehseuchen mit dem Ziele der Schwächung des Sowjetstaates

wird mit Freiheitsentziehung von acht bis zu fünfzehn Jahren, verbunden mit Vermögenskonfiskation *und mit Verbannung von zwei bis zu fünf Jahren oder ohne Verbannung,* oder mit dem Tode, verbunden mit Vermögenskonfiskation, bestraft.

Art. 69

Schädlingstätigkeit

Ein Tun oder Unterlassen, das auf die Untergrabung der Industrie, des Verkehrs, der Landwirtschaft, des Geldsystems, des Handels oder anderer Zweige der Volkswirtschaft sowie der Tätigkeit staatlicher Organe oder gesellschaftlicher Organisationen mit dem Ziel der Schwächung des Sowjetstaates gerichtet ist, wird, wenn eine solche Handlung mittels Ausnutzung staatlicher oder gesellschaftlicher Institutionen, Betriebe, Organisationen oder durch Behindern ihrer normalen Arbeit begangen wurde,

mit Freiheitsentziehung von acht bis zu fünfzehn Jahren, verbunden mit Vermögenskonfiskation *und mit Verbannung von zwei bis zu fünf Jahren oder ohne Verbannung,* bestraft.

Art. 70

Antisowjetische Agitation und Propaganda

Agitation und Propaganda, die mit dem Ziel der Untergrabung oder Schwächung der Sowjetmacht oder der Begehung einzelner besonders gefährlicher Staatsverbrechen betrieben wird, die Verbreitung verleumderischer Unwahrheiten, welche die sowjetische staatliche und gesellschaftliche Ordnung in üblen Ruf bringen, mit denselben Zielen sowie die Verbreitung, Herstellung oder Aufbewahrung von Literatur gleichen Inhalts mit denselben Zielen

wird mit Freiheitsentziehung von sechs Monaten bis zu sieben Jahren, *verbunden mit Verbannung von zwei bis zu fünf Jahren oder ohne solche,* oder mit Verbannung von zwei bis zu fünf Jahren bestraft.

Die gleichen Handlungen werden, wenn sie von einer Person begangen wurden, die früher wegen besonders gefährlicher Staatsverbrechen verurteilt worden ist, sowie, wenn sie in Kriegszeiten begangen wurden,

mit Freiheitsentziehung von drei bis zu zehn Jahren, *verbunden mit Verbannung von zwei bis zu fünf Jahren oder ohne solche,* bestraft.

Art. 71

Kriegspropaganda

Kriegspropaganda in jeglicher Form

wird mit Freiheitsentziehung von drei bis zu acht Jahren, *verbunden mit Verbannung von zwei bis zu fünf Jahren oder ohne solche,* bestraft.

Art. 72
Auf die Begehung besonders gefährlicher Staatsverbrechen gerichtete organisatorische Tätigkeit sowie Teilnahme an einer antisowjetischen Organisation

Organisatorische Tätigkeit, die auf die Vorbereitung oder Begehung besonders gefährlicher Staatsverbrechen oder auf die Gründung von Organisationen, welche die Begehung solcher Verbrechen zum Ziel haben, gerichtet ist, sowie die Teilnahme an einer antisowjetischen Organisation

wird entsprechend den Artikeln 64—71 dieses Gesetzbuches bestraft.

Art. 73
Besonders gefährliche Staatsverbrechen, begangen gegen einen anderen Staat der Werktätigen

Kraft der internationalen Solidarität der Werktätigen werden besonders gefährliche Staatsverbrechen, die gegen einen anderen Staat der Werktätigen begangen wurden,

entsprechend den Artikeln 64—72 dieses Gesetzbuchs bestraft.

II. Sonstige Staatsverbrechen

Art. 74
Verletzung der nationalen und rassischen Gleichberechtigung

Propaganda oder Agitation mit dem Ziel der Entfachung rassischer oder nationaler Feindschaft oder Zwietracht sowie direkte oder indirekte Beschränkung der Rechte oder die Einführung direkter oder indirekter Vorrechte der Staatsbürger mit Rücksicht auf rassische oder nationale Zugehörigkeit

wird mit Freiheitsentziehung von sechs Monaten bis zu drei Jahren oder mit Verbannung von zwei bis zu fünf Jahren bestraft.

Art. 75
Verletzung von Staatsgeheimnissen

Das Bekanntmachen von Nachrichten, die Staatsgeheimnisse sind, durch eine Person, der diese Nachrichten anvertraut waren oder im Dienst oder bei der Arbeit bekannt geworden sind, wird, wenn keine Anzeichen für Vaterlandsverrat oder Spionage vorliegen,

mit Freiheitsentziehung von zwei bis zu fünf Jahren bestraft.

Die gleiche Handlung wird, wenn sie schwere Folgen verursacht hat,

mit Freiheitsentziehung von fünf bis zu acht Jahren bestraft.

Art. 76

Verlust von Urkunden, die Staatsgeheimnisse enthalten

Der Verlust von Urkunden, die ein Staatsgeheimnis enthalten, sowie von Gegenständen, deren Kenntnis ein Staatsgeheimnis darstellt, durch eine Person, der sie anvertraut waren, wird, wenn der Verlust das Ergebnis einer Verletzung bestehender Vorschriften über den Umgang mit den genannten Urkunden oder Gegenständen war,

mit Freiheitsentziehung von einem bis zu drei Jahren bestraft.

Die gleiche Handlung wird, wenn sie schwere Folgen verursacht hat,

mit Freiheitsentziehung von drei bis zu acht Jahren bestraft.

Art. 77

Banditentum

Die Organisierung bewaffneter Banden mit dem Ziel eines Überfalls auf staatliche oder gesellschaftliche Institutionen oder Betriebe oder auf einzelne Personen sowie die Zugehörigkeit zu solchen Banden und die Teilnahme an den von ihnen unternommenen Überfällen

wird mit Freiheitsentziehung von drei bis zu fünfzehn Jahren, verbunden mit Vermögenskonfiskation *und mit Verbannung von zwei bis zu fünf Jahren oder ohne Verbannung,* oder mit dem Tode, verbunden mit Vermögenskonfiskation, bestraft.

Art. 77[1]

Handlungen, welche die Arbeit der Besserungsarbeitsanstalten stören

Besonders gefährliche Rückfällige sowie Personen, die wegen schwerer Verbrechen verurteilt wurden und in Freiheitsentzugsanstalten die auf dem Wege der Besserung befindlichen Häftlinge terrorisieren oder Überfälle auf die Verwaltung verüben oder aber zu diesem Zwecke verbrecherische Gruppen bilden oder aktiv an solchen Gruppen teilnehmen,

werden mit Freiheitsentziehung von acht bis zu fünfzehn Jahren oder mit dem Tode bestraft.

Art. 78

Schmuggel

Schmuggel, d. h. ungesetzliche Verschiebung von Waren oder anderen Wertgegenständen über die Staatsgrenze der UdSSR, wird, wenn er unter Verbergung der Gegenstände an besonderen Aufbewahrungsstellen oder unter betrügerischer Ausnutzung von Zollpapieren und anderen Urkunden oder in großem Ausmaß oder durch eine Gruppe von Personen, die sich zum Zwecke des Schmuggels zusammengeschlossen hat, oder von einer Amtsperson unter Ausnutzung ihrer Dienststellung begangen wurde, sowie der Schmuggel von Explosivstoffen, Narkotika, starkwirkenden Stoffen und Giften, Waffen und militärischen Ausrüstungsgegenständen

mit Freiheitsentziehung von drei bis zu zehn Jahren, verbunden mit Vermögenskonfiskation *und mit Verbannung von zwei bis zu fünf Jahren oder ohne Verbannung,* bestraft.

Art. 79

Massenunruhen

Die Organisierung von Massenunruhen, die von Pogromen, Zerstörungen, Brandstiftungen und anderen gleichartigen Handlungen begleitet waren, sowie die unmittelbare Begehung der obengenannten Verbrechen durch die Beteiligten oder die Leistung bewaffneten Widerstandes gegen die Staatsgewalt durch sie

wird mit Freiheitsentziehung von zwei bis zu fünfzehn Jahren bestraft.

Art. 80

Umgehung der Pflicht, der regulären Einberufung zum aktiven Militärdienst Folge zu leisten

Die Umgehung der Pflicht, der regulären Einberufung zum aktiven Militärdienst Folge zu leisten,

wird mit Freiheitsentziehung von einem bis zu drei Jahren bestraft.

Die gleiche Handlung wird, wenn sie mittels Selbstverstümmelung oder mittels Vortäuschung einer Krankheit, mittels Urkundenfälschung oder mittels einer anderen Täuschungshandlung sowie bei Vorliegen anderer erschwerender Umstände begangen wurde,

mit Freiheitsentziehung von einem bis zu fünf Jahren bestraft.

Art. 81

Umgehung eines Mobilmachungsbefehls

Die Umgehung der Pflicht, der Einberufung bei einer Mobilmachung in die Reihen der Streitkräfte der UdSSR Folge zu leisten,

wird mit Freiheitsentziehung von drei bis zu zehn Jahren bestraft.

Die gleiche Handlung sowie auch die Umgehung weiterer Einberufungen zur Vervollständigung der Streitkräfte der UdSSR wird, wenn sie in Kriegszeiten begangen wurde,

mit Freiheitsentziehung von fünf bis zu zehn Jahren oder mit dem Tode bestraft.

Art. 82

Umgehung der Erfüllung von öffentlichen Pflichten oder Steuerzahlungen in Kriegszeiten

Die Umgehung der Pflicht, in Kriegszeiten der Arbeitsmobilmachung nachzukommen oder andere öffentliche Pflichten zu erfüllen oder Steuern zu zahlen, wird mit Freiheitsentziehung von einem bis zu fünf Jahren oder mit Besserungsarbeit von sechs Monaten bis zu einem Jahr bestraft.

Art. 83
Gesetzwidrige Ausreise ins Ausland und gesetzwidrige Einreise in die Sowjetunion

Die Ausreise ins Ausland, die Einreise in die UdSSR oder das Überschreiten der Grenze ohne vorgeschriebenen Paß oder Erlaubnis zuständiger Behörden,

wird mit Freiheitsentziehung von einem bis zu drei Jahren bestraft.

Die Geltung dieses Artikels findet keine Anwendung auf Fälle der Einreise ausländischer Bürger ohne vorgeschriebenen Paß oder Erlaubnis in die UdSSR zwecks Inanspruchnahme des Asylrechts, das von der Verfassung der UdSSR gewährleistet wird.

Art. 84
Verletzung der Vorschriften über den internationalen Flugverkehr

Der Einflug in die UdSSR und der Ausflug aus der UdSSR ohne vorgeschriebene Erlaubnis, die Nichtbeachtung der in der Erlaubnis genannten Flugrouten, Landeplätze, Ein- und Ausflugschneisen und der genannten Flughöhe sowie jede sonstige Verletzung der Vorschriften über den internationalen Flugverkehr

wird mit Freiheitsentziehung von einem bis zu zehn Jahren oder mit Geldstrafe in Höhe bis zu eintausend Rubel mit oder ohne Konfiskation des Luftfahrzeuges bestraft.

Art. 85
Verletzung der Vorschriften über die Verkehrssicherheit und den Verkehrsbetrieb

Die Verletzung der Vorschriften über die Verkehrssicherheit und den Verkehrsbetrieb durch einen Arbeiter des Eisenbahn-, Wasserstraßen- oder Luftverkehrswesens wird, wenn sie Unfälle mit Personenschaden, Eisenbahn- oder Schiffskatastrophen oder sonstige schwere Folgen verursacht hat, ebenso wie die mangelhafte Reparatur von Verkehrsmitteln, Verkehrswegen, Signalanlagen und Mitteln des Post- und Fernmeldewesens, wenn sie die gleichen Folgen hatte,

mit Freiheitsentziehung von drei bis zu fünfzehn Jahren bestraft.

Die gleichen Handlungen werden, wenn sie zwar nicht die obengenannten Folgen verursacht haben, aber wenn wissentlich die Gefahr des Eintritts dieser Folgen herbeigeführt wurde,

mit Freiheitsentziehung von einem bis zu drei Jahren oder mit Besserungsarbeit bis zu einem Jahr bestraft.

Art. 86
Beschädigung von Verkehrswegen und Verkehrsmitteln

Die vorsätzliche Zerstörung oder Beschädigung von Verkehrswegen, von darauf befindlichen Anlagen, von rollendem Material oder Schiffen, von Mitteln des Post- oder Fernmeldewesens oder von Signalanlagen, die ein Eisenbahnunglück, eine Schiffskatastrophe oder eine Störung der normalen Abwicklung des Verkehrs und des Post- und Fernmeldewesens zur Folge hatte oder haben konnte,

wird mit Freiheitsentziehung von drei bis zu fünfzehn Jahren, *verbunden mit Verbannung von zwei bis zu fünf Jahren oder ohne solche,* bestraft.

Art. 87
Herstellung oder Inverkehrbringen von Falschgeld oder von gefälschten Wertpapieren

Die Herstellung zum Zwecke des Inverkehrbringens sowie das Inverkehrbringen von gefälschten Staatskassenscheinen, Noten der Staatsbank der UdSSR, von Hartgeld, staatlichen Wertpapieren oder von ausländischer Valuta

wird mit Freiheitsentziehung von drei bis zu fünfzehn Jahren, verbunden mit Vermögenskonfiskation *und mit Verbannung von zwei bis zu fünf Jahren oder ohne Verbannung,* bestraft.

Die gleichen Handlungen werden bei gewerbsmäßiger Begehung mit Freiheitsentziehung von zehn bis zu fünfzehn Jahren, verbunden mit Vermögenskonfiskation und mit Verbannung von zwei bis zu fünf Jahren oder ohne Verbannung, oder mit dem Tode, verbunden mit Vermögenskonfiskation, bestraft.

Art. 88
Verletzung der Vorschriften über Devisengeschäfte

Die Verletzung der Vorschriften über Devisengeschäfte sowie die Spekulation mit Devisenwerten oder Wertpapieren

wird mit Freiheitsentziehung von drei bis zu acht Jahren, verbunden mit *Vermögenskonfiskation oder ohne solche, bei zwingender* Konfiskation der Devisenwerte und Wertpapiere *und mit Verbannung von zwei bis zu fünf Jahren oder ohne Verbannung,* bestraft.

Gewerbsmäßig oder in großem Umfang betriebene Spekulation mit Devisenwerten oder Wertpapieren sowie die Verletzung der Vorschriften über Devisengeschäfte durch eine Person, die bereits früher auf Grund des Absatzes 1 dieses Artikels verurteilt wurde,

wird mit Freiheitsentziehung von fünf bis zu fünfzehn Jahren, verbunden mit Vermögenskonfiskation und mit Verbannung von zwei bis zu fünf Jahren oder ohne Verbannung, oder mit dem Tode, verbunden mit Vermögenskonfiskation, bestraft.

Art. 88[1]

Nichtanzeige von Staatsverbrechen

Die Nichtanzeige glaubwürdig bekanntgewordener drohender oder ausgeführter Staatsverbrechen, die in den Artikeln 64 (Vaterlandsverrat), 65 (Spionage), 66 und 67 (Terrorakt), 68 (Diversion), 69 (Schädlingstätigkeit), 72 (auf die Begehung besonders gefährlicher Staatsverbrechen gerichtete organisatorische Tätigkeit sowie Teilnahme an einer antisowjetischen Organisation), 77 (Banditentum), 87 (Herstellung oder Inverkehrbringen von Falschgeld oder von gefälschten Wertpapieren) dieses Gesetzbuchs vorgesehen sind,

wird mit Freiheitsentziehung von einem bis zu drei Jahren oder mit Besserungsarbeit von sechs Monaten bis zu einem Jahr bestraft.

Art. 88[2]

Begünstigung von Staatsverbrechen

Eine im voraus nicht versprochene Begünstigung von Staatsverbrechen, die in den Artikeln 64 (Vaterlandsverrat), 65 (Spionage), 66 und 67 (Terrorakt), 68 (Diversion), 69 (Schädlingstätigkeit), 72 (auf die Begehung besonders gefährlicher Staatsverbrechen gerichtete organisatorische Tätigkeit sowie Teilnahme an einer antisowjetischen Organisation), 77 (Banditentum), 78 (Schmuggel), 87 (Herstellung oder Inverkehrbringen von Falschgeld oder von gefälschten Wertpapieren), 88 (Verletzung der Vorschriften über Devisengeschäfte) dieses Gesetzbuches vorgesehen sind,

wird mit Freiheitsentziehung von einem bis zu fünf Jahren, verbunden mit Verbannung von zwei bis zu fünf Jahren oder ohne solche, oder mit Verbannung bis zu fünf Jahren bestraft.

Zweites Kapitel

Verbrechen gegen das sozialistische Eigentum

Art. 89

Entwendung staatlichen oder gesellschaftlichen Vermögens durch Diebstahl

Die heimliche Entwendung staatlichen oder gesellschaftlichen Vermögens (Diebstahl)

wird mit Freiheitsentziehung bis zu drei Jahren oder mit Besserungsarbeit bis zu einem Jahr bestraft.

Wurde der Diebstahl wiederholt oder nach vorausgegangener Absprache einer Gruppe von Personen, oder unter Anwendung technischer Hilfsmittel begangen,

so wird er mit Freiheitsentziehung bis zu sechs Jahren bestraft.

Wurde der Diebstahl durch einen besonders gefährlichen Rückfälligen oder in großem Umfang begangen,

so wird er mit Freiheitsentziehung von fünf bis zu fünfzehn

Jahren, verbunden mit Vermögenskonfiskation oder ohne solche, bestraft.

Anmerkung:

Wiederholt begangen im Sinne der Artikel 89, 90, 92 und 93 ist das Verbrechen einer Person, die bereits früher eines der in diesen Artikeln oder den Artikeln 77, 91, *93*[1], 144—147 dieses Strafgesetzbuchs vorgesehenen Verbrechen begangen hat.

Art. 90

Entwendung staatlichen oder gesellschaftlichen Vermögens durch Plünderung

Die offene Entwendung staatlichen oder gesellschaftlichen Vermögens (Plünderung) ohne Gewaltanwendung

wird mit Freiheitsentziehung bis zu vier Jahren oder mit Besserungsarbeit bis zu einem Jahr bestraft.

Eine Plünderung, die zwar mit Gewaltanwendung verbunden war, aber ohne Gefahr für Leben und Gesundheit erfolgte, oder eine Plünderung nach vorausgegangener Absprache einer Gruppe von Personen oder wiederholt begangene Plünderung

wird mit Freiheitsentziehung bis zu sieben Jahren bestraft.

Wurde die Plünderung durch einen besonders gefährlichen Rückfälligen oder in großem Umfang begangen,

so wird sie mit Freiheitsentziehung von sechs bis zu fünfzehn Jahren, verbunden mit Vermögenskonfiskation oder ohne solche, bestraft.

Art. 91

Raub mit dem Ziel der Besitzerlangung am staatlichen oder gesellschaftlichen Vermögen

Ein Überfall mit dem Ziel der Besitzerlangung an staatlichem oder gesellschaftlichem Vermögen, verbunden mit einer für Leben und Gesundheit der überfallenen Person gefährlichen Gewaltanwendung oder mit Bedrohung mit solcher Gewaltanwendung, (Raub)

wird mit Freiheitsentziehung von drei bis zu zehn Jahren, verbunden mit Vermögenskonfiskation oder ohne solche bestraft.

Die gleichen Handlungen werden, wenn sie begangen wurden:

a) nach vorausgegangener Absprache einer Gruppe von Personen;

b) unter Anwendung von Waffen oder von anderen Gegenständen, die als Waffen gebraucht werden;

c) unter Zufügung schwerer Körperverletzungen;

d) durch einen besonders gefährlichen Rückfälligen;

e) durch eine Person, die bereits früher Raub mit dem Ziel der Besitzerlangung an staatlichem oder gesellschaftlichem Vermögen oder an persönlichem Vermögen von Bürgern begangen oder den Tatbestand des Banditentums erfüllt hat, sowie

f) wenn diese Handlungen auf die Besitzergreifung an staatlichem oder gesellschaftlichem Vermögen in großem Umfang gerichtet waren,

mit Freiheitsentziehung von sechs bis zu fünfzehn Jahren, verbunden mit Verbannung oder ohne solche, mit Vermögenskonfiskation oder ohne solche, bestraft.

Art. 92

Entwendung staatlichen oder gesellschaftlichen Vermögens durch Unterschlagung[12]) oder durch Mißbrauch der Amtsstellung

Die Unterschlagung staatlichen oder gesellschaftlichen Vermögens, das dem Täter anvertraut war, sowie die gewinnsüchtige Besitzergreifung an staatlichem oder gesellschaftlichem Vermögen durch Mißbrauch der Amtsstellung durch eine Amtsperson

wird mit Freiheitsentziehung bis zu vier Jahren oder mit Besserungsarbeit bis zu einem Jahr oder mit Aberkennung des Rechts, bestimmte Ämter zu bekleiden oder eine bestimmte Tätigkeit auszuüben, bestraft.

Die gleichen Handlungen werden, wenn sie wiederholt oder nach vorausgegangener Absprache einer Gruppe von Personen begangen wurden,

mit Freiheitsentziehung bis zu sieben Jahren, verbunden mit der Aberkennung des Rechts, bestimmte Ämter zu bekleiden oder eine bestimmte Tätigkeit auszuüben, oder ohne solche, bestraft.

Die in Absatz 1 oder Absatz 2 dieses Artikels vorgesehenen Handlungen werden, wenn sie dem Staat oder einer gesellschaftlichen Organisation einen großen Schaden zugefügt haben,

mit Freiheitsentziehung von sechs bis zu fünfzehn Jahren, verbunden mit Vermögenskonfiskation oder ohne solche, und mit Aberkennung des Rechts, bestimmte Ämter zu bekleiden oder eine bestimmte Tätigkeit auszuüben, bestraft.

Art. 93

Entwendung staatlichen oder gesellschaftlichen Vermögens durch Betrug

Die Besitzerlangung an staatlichem oder gesellschaftlichem Vermögen mittels Täuschung oder Vertrauensmißbrauchs (Betrug)

wird mit Freiheitsentziehung bis zu drei Jahren oder mit Besserungsarbeit bis zu einem Jahr bestraft.

---

[12]) Für "prisvojenie" (Aneignung durch Behalten) und "rastrata" (Aneignung durch Veräußerung oder Verbrauch) wird in der Übersetzung der beide umfassende Begriff "Unterschlagung" verwendet.

Betrug, der wiederholt oder nach vorausgegangener Absprache einer Gruppe von Personen begangen wurde,

wird mit Freiheitsentziehung bis zu sechs Jahren bestraft.

Betrug, der dem Staat oder einer gesellschaftlichen Organisation einen großen Schaden zugefügt hat oder der durch einen besonders gefährlichen Rückfälligen begangen wurde,

wird mit Freiheitsentziehung von fünf bis zu fünfzehn Jahren, verbunden mit Vermögenskonfiskation oder ohne solche, bestraft.

Art. 93[1]

Entwendung staatlichen oder gesellschaftlichen Vermögens in besonders großem Umfang

Die Entwendung staatlichen oder gesellschaftlichen Vermögens in besonders großem Umfang wird unabhängig von der Entwendungsart (Artikel 89 bis 93)

mit Freiheitsentziehung von acht bis zu fünfzehn Jahren, verbunden mit Vermögenskonfiskation und mit Verbannung oder ohne Verbannung, oder mit dem Tode, verbunden mit Vermögenskonfiskation, bestraft.

Art. 94

Zufügung eines Vermögensschadens mittels Täuschung oder Vertrauensmißbrauchs

Die Zufügung eines Vermögensschadens gegenüber dem Staat oder einer gesellschaftlichen Organisation mittels Täuschung oder Vertrauensmißbrauchs bei Fehlen der Merkmale einer Entwendung

wird mit Freiheitsentziehung bis zu einem Jahr oder mit Besserungsarbeit für die gleiche Dauer oder mit Aberkennung des Rechts, bestimmte Ämter zu bekleiden oder eine bestimmte Tätigkeit auszuüben, oder mit Amtsenthebung bestraft oder zieht die Anwendung von Maßnahmen gesellschaftlicher Einwirkung nach sich.

Art. 95

Erpressung zwecks Erlangung staatlichen oder gesellschaftlichen Vermögens

Das Auffordern zur Übergabe staatlichen oder gesellschaftlichen Vermögens oder zur Übertragung eines Vermögensrechts durch Drohung mit Gewalt gegenüber einer Person, unter deren Verwaltung oder Schutz sich dieses Vermögen befindet, Drohung mit Gewalt gegenüber ihr nahestehenden Personen, Drohung mit Verbreitung von verächtlich machenden Tatsachen über sie selbst oder ihr nahestehende Personen oder mit der Vernichtung ihres Vermögens (Erpressung)

wird mit Freiheitsentziehung bis zu vier Jahren bestraft.

Art. 96

Geringfügige Entwendung staatlichen oder gesellschaftlichen Vermögens

Eine geringfügige Entwendung staatlichen oder gesellschaftlichen Vermögens durch Diebstahl, Betrug, Unterschlagung oder Amtsmißbrauch

wird mit Freiheitsentziehung bis *zu sechs Monaten* oder mit Besserungsarbeit bis zu einem Jahr bestraft *oder zieht die Anwendung von Maßnahmen gesellschaftlicher Einwirkung nach sich.*

Die gleiche Handlung wird bei Begehung durch eine Person, die bereits früher eine Entwendung staatlichen oder gesellschaftlichen Vermögens oder persönlichen Vermögens von Bürgern begangen hat, unabhängig von der Entwendungsart, oder aber Raub (Artikel 89—93[1]*, 96, 144—147) begangen hat,*

mit Freiheitsentziehung bis zu zwei Jahren bestraft.

Art. 97

Unterschlagung gefundenen oder zufällig in Besitz des Täters gelangten staatlichen oder gesellschaftlichen Vermögens

Die Unterschlagung gefundener oder zufällig in Besitz des Täters gelangter wertvoller Vermögensgegenstände, die, wie der Täter weiß, dem Staat oder einer gesellschaftlichen Organisation gehören,

wird mit Freiheitsentziehung bis zu sechs Monaten oder mit Besserungsarbeit bis zu einem Jahr bestraft oder zieht die Anwendung von Maßnahmen gesellschaftlicher Einwirkung nach sich.

Art. 98

Vorsätzliche Zerstörung oder Beschädigung staatlichen oder gesellschaftlichen Vermögens

Die vorsätzliche Zerstörung oder Beschädigung staatlichen oder gesellschaftlichen Vermögens

wird mit Besserungsarbeit bis zu einem Jahr oder mit Geldstrafe bis zu einhundert Rubel oder mit Auferlegung der Schadenswiedergutmachung bestraft.

Die vorsätzliche Zerstörung oder Beschädigung staatlichen oder gesellschaftlichen Vermögens, die mittels Brandstiftung oder auf andere gemeingefährliche Weise begangen wurde oder die Menschenopfer zur Folge hatte oder die einen schweren Schaden oder andere schwere Folgen verursacht hat, sowie die vorsätzliche Zerstörung oder eine wesentliche Beschädigung von Waldmassiven mittels Brandstiftung

wird mit Freiheitsentziehung bis zu zehn Jahren bestraft.

Art. 99

Fahrlässige Zerstörung oder Beschädigung staatlichen oder gesellschaftlichen Vermögens

Die fahrlässige Zerstörung oder Beschädigung staatlichen oder gesellschaftlichen Vermögens wird, wenn sie Menschenopfer oder andere schwere Folgen verursacht hat, sowie die Zerstörung oder eine wesentliche Beschädigung von Waldmassiven infolge fahrlässigen Umgangs mit Feuer oder sonstigen Quellen erhöhter Gefahr

mit Freiheitsentziehung bis zu drei Jahren oder mit Besserungsarbeit bis zu einem Jahr bestraft.

Art. 99[1]

Verbrecherisch-nachlässige Benutzung oder Aufbewahrung landwirtschaftlicher Maschinen

Die verbrecherisch-nachlässige Benutzung oder Aufbewahrung der den Sowchosen, Kolchosen und anderen staatlichen oder genossenschaftlichen Organisationen gehörigen Traktoren, Kraftfahrzeuge, Mähdrescher und anderen landwirtschaftlichen Maschinen mit der Folge eines Maschinenschadens oder des Bruchs dieser Maschinen und ebenso die Loslösung von Einzelteilen dieser Maschinen

wird mit Freiheitsentziehung bis zu einem Jahr oder mit Besserungsarbeiten für die gleiche Dauer bestraft.

Die gleichen Handlungen werden bei wiederholter Begehung oder, wenn sie einen großen Schaden verursacht haben,

mit Freiheitsentziehung bis zu drei Jahren bestraft.

Art. 100

Mangelnde Gewissenhaftigkeit hinsichtlich des Schutzes staatlichen oder gesellschaftlichen Vermögens

Die Vernachlässigung der Pflichten durch eine Person, die mit dem Schutz staatlichen oder gesellschaftlichen Vermögens beauftragt ist, wird, wenn sie eine Ausplünderung, eine Beschädigung oder den Verlust dieses Vermögens in großem Umfang verursacht hat, bei Fehlen der Merkmale eines Amtsverbrechens

mit Freiheitsentziehung bis zu zwei Jahren oder mit Besserungsarbeit bis zu einem Jahr oder mit öffentlichem Tadel bestraft.

Art. 101

Verbrechen gegen das staatliche oder gesellschaftliche Eigentum anderer sozialistischer Staaten

Verbrechen gegen das staatliche oder gesellschaftliche Eigentum anderer sozialistischer Staaten, die hinsichtlich des sich auf dem Territorium der RSFSR befindlichen Vermögens begangen wurden,

werden entsprechend nach den Artikeln dieses Kapitels bestraft.

Drittes Kapitel

Verbrechen wider das Leben, die Gesundheit, die Freiheit und die Würde der Persönlichkeit

Art. 102

Vorsätzliche Tötung unter erschwerenden Umständen

Die vorsätzliche Tötung:

a) aus Gewinnsucht;

b) aus hooliganischen Beweggründen;

c) im Zusammenhang mit der Erfüllung der Amtspflicht oder einer gesellschaftlichen Pflicht durch den Verletzten;

d) mit besonderer Grausamkeit;

e) auf eine für das Leben vieler Menschen gefährliche Weise;

f) mit dem Ziel, ein anderes Verbrechen zu verdecken oder seine Begehung zu erleichtern, sowie im Zusammenhang mit Notzucht;

g) einer Frau, die, wie dem Schuldigen bekannt war, sich im Zustand der Schwangerschaft befand;

h) zweier oder mehrerer Personen;

i) durch eine Person, die bereits früher eine vorsätzliche Tötung begangen hat, mit Ausnahme einer in den Artikeln 104 und 105 dieses Strafgesetzbuchs vorgesehenen Tötung;

j) aus Blutrache;

k) durch einen besonders gefährlichen Rückfälligen

wird mit Freiheitsentziehung von acht bis zu fünfzehn Jahren, verbunden mit Verbannung oder ohne solche, oder mit dem Tode bestraft.

Art. 103

Vorsätzliche Tötung

Vorsätzliche Tötung wird bei Fehlen der in Artikel 102 dieses Strafgesetzbuchs genannten erschwerenden Umstände

mit Freiheitsentziehung *von drei* bis zu zehn Jahren bestraft.

Art. 104

Vorsätzliche Tötung im Zustand einer starken seelischen Erregung

Eine vorsätzliche Tötung, die im Zustand einer plötzlich aufgetretenen, starken seelischen Erregung begangen wurde, die durch Gewalt oder durch eine schwere Beleidigung seitens des Verletzten sowie durch andere rechtswidrige Handlungen des Verletzten hervorgerufen wurde, wird, wenn diese Handlungen schwere Folgen für den Täter oder für ihm nahestehende Personen verursacht haben oder verursachen konnten, mit Freiheitsentziehung bis zu fünf Jahren oder mit Besserungsarbeit bis zu einem Jahr bestraft.

Art. 105

Tötung bei Überschreitung der Grenzen der Notwehr

Eine Tötung, die bei Überschreitung der Grenzen der Notwehr begangen wurde,

wird mit Freiheitsentziehung bis zu zwei Jahren oder mit Besserungsarbeit bis zu einem Jahr bestraft.

Art. 106

Fahrlässige Tötung

Eine Tötung, die aus Fahrlässigkeit begangen wurde,

wird mit Freiheitsentziehung bis zu drei Jahren oder mit Besserungsarbeit bis zu einem Jahr bestraft.

Art. 107

Verleitung zum Selbstmord

Die Verleitung einer Person, die sich in materieller oder sonstiger Abhängigkeit vom Täter befindet, zum Selbstmord oder zum Selbstmordversuch durch grausame Behandlung des Verletzten oder durch eine fortgesetzte Erniedrigung seiner persönlichen Würde

wird mit Freiheitsentziehung bis zu fünf Jahren bestraft.

Art. 108

Vorsätzliche schwere Körperverletzung

Eine vorsätzliche Körperverletzung, die lebensgefährlich ist oder die den Verlust des Sehvermögens, des Gehörs oder irgendeines Organs oder die Einbuße seiner Funktion, eine Geisteskrankheit oder eine andere Zerstörung der Gesundheit, die mit einer dauernden Minderung der Arbeitsfähigkeit von mindestens einem Drittel verbunden war, oder die Unterbrechung der Schwangerschaft zur Folge hatte oder sich in einer dauernden Entstellung des Gesichts bemerkbar gemacht hat,

wird mit Freiheitsentziehung bis zu acht Jahren bestraft.

Die gleichen Handlungen werden, wenn sie den Tod des Verletzten verursacht haben oder den Charakter einer Quälerei oder Marterung hatten oder durch einen besonders gefährlichen Rückfälligen begangen wurden,

mit Freiheitsentziehung von fünf bis zu zwölf Jahren bestraft.

Art. 109

Vorsätzliche mittelschwere Körperverletzung

Eine vorsätzliche Körperverletzung, die nicht lebensgefährlich ist und keine der in Artikel 108 dieses Strafgesetzbuchs vorgesehenen Folgen verursacht hat, aber eine langdauernde Zerstörung der Gesundheit oder eine wesentliche dauernde Minderung der Arbeitsfähigkeit von weniger als einem Drittel verursacht hat,

wird mit Freiheitsentziehung bis zu drei Jahren oder mit Besserungsarbeit bis zu einem Jahr bestraft.

Die gleichen Handlungen werden, wenn sie den Charakter einer Quälerei oder Marterung hatten oder von einem besonders gefährlichen Rückfälligen begangen wurden,

mit Freiheitsentziehung bis zu fünf Jahren bestraft.

Art. 110
Vorsätzliche schwere oder mittelschwere Körperverletzung, die im Zustand einer starken seelischen Erregung begangen wurde

Eine vorsätzliche schwere oder mittelschwere Körperverletzung, die im Zustand einer plötzlich aufgetretenen starken seelischen Erregung begangen wurde, die durch Gewalt oder eine schwere Beleidigung seitens des Verletzten sowie durch andere rechtswidrige Handlungen des Verletzten hervorgerufen war, wird, wenn diese Handlungen schwere Folgen für den Täter oder ihm nahestehende Personen verursacht haben oder verursachen konnten,

mit Freiheitsentziehung bis zu zwei Jahren oder mit Besserungsarbeit bis zu einem Jahr bestraft.

Art. 111
Schwere oder mittelschwere Körperverletzung, die bei Überschreitung der Grenzen der Notwehr begangen wurde

Eine schwere oder mittelschwere Körperverletzung, die bei Überschreitung der Grenzen der Notwehr begangen wurde,

wird mit Freiheitsentziehung bis zu einem Jahr oder mit Besserungsarbeit für die gleiche Dauer bestraft.

Art. 112
Vorsätzliche leichte Körperverletzung oder Prügel

Die vorsätzliche Zufügung einer Körperverletzung oder Prügel werden, wenn sie eine kurzfristige Zerstörung der Gesundheit oder eine unbedeutende dauernde Minderung der Arbeitsfähigkeit verursacht haben,

mit Freiheitsentziehung bis zu einem Jahr oder mit Besserungsarbeit für die gleiche Dauer bestraft.

Die gleichen Handlungen werden, wenn sie nicht die in Absatz 1 dieses Artikels genannten Folgen verursacht haben,

mit Freiheitsentziehung bis zu sechs Monaten oder mit Besserungsarbeit für die gleiche Dauer oder mit Geldstrafe bis zu fünfzig Rubel bestraft oder ziehen die Anwendung von Maßnahmen gesellschaftlicher Einwirkung nach sich.

Art. 113
Marterung

Regelmäßige Prügel oder andere Handlungen, die den Charakter einer Marterung haben, werden, wenn sie nicht die in den Artikeln 108 und 109 dieses Strafgesetzbuchs genannten Folgen verursacht haben,

mit Freiheitsentziehung bis zu drei Jahren bestraft.

Art. 114
Fahrlässige schwere oder mittelschwere Körperverletzung

Eine fahrlässige schwere Körperverletzung

wird mit Freiheitsentziehung bis zu zwei Jahren oder mit Besserungsarbeit bis zu einem Jahr bestraft.

Eine fahrlässige mittelschwere Körperverletzung

wird mit Besserungsarbeit bis zu einem Jahr oder mit öffentlichem Tadel bestraft.

Art. 115
Ansteckung mit einer venerischen Krankheit

Die Ansteckung einer anderen Person mit einer venerischen Krankheit durch eine Person, die ihre eigene Krankheit kennt,

wird mit Freiheitsentziehung bis zu drei Jahren oder mit Besserungsarbeit bis zu einem Jahr bestraft.

Art. 116
Gesetzwidrige Vornahme einer Abtreibung

Die gesetzwidrige Vornahme einer Abtreibung durch einen Arzt

wird mit Freiheitsentziehung bis zu einem Jahr oder mit Besserungsarbeit für die gleiche Dauer oder mit Aberkennung des Rechts, die ärztliche Tätigkeit auszuüben, bestraft.

Die Vornahme einer Abtreibung durch eine Person ohne medizinische Hochschulbildung

wird mit Freiheitsentziehung bis zu zwei Jahren oder mit Besserungsarbeit bis zu einem Jahr bestraft.

Handlungen, die in den Absätzen 1 und 2 dieses Artikels vorgesehen sind, werden, wenn sie wiederholt begangen wurden oder der Tod der Verletzten oder andere schwere Folgen verursacht haben,

mit Freiheitsentziehung bis zu acht Jahren bestraft.

Art. 117
Notzucht

Notzucht, d. h. Geschlechtsverkehr unter Anwendung von körperlicher Gewalt, Drohungen oder unter Ausnutzung einer hilflosen Lage der Verletzten wird mit Freiheitsentziehung von drei bis zu sieben Jahren bestraft.

Notzucht unter Drohung mit Tötung oder der Zufügung einer schweren Körperverletzung oder bei Begehung durch eine Person, die schon früher Notzucht verübt hat,

wird mit Freiheitsentziehung von fünf bis zu zehn Jahren bestraft.

Notzucht, die von *einer Gruppe von Personen oder* einem besonders gefährlichen Rückfälligen begangen wurde oder besonders schwere Folgen verursacht hat, sowie Notzucht an einer Minderjährigen,

wird mit Freiheitsentziehung von *acht* bis zu fünfzehn Jahren, verbunden mit Verbannung *von zwei bis zu fünf Jahren* oder ohne solche, *oder mit dem Tode* bestraft.

Art. 118
Nötigung einer Frau zur Aufnahme von geschlechtlichen Beziehungen

Die Nötigung einer Frau zur Aufnahme von geschlechtlichen Beziehungen oder zur Befriedigung des Geschlechtstriebes in sonstiger Weise durch eine Person, von der die Frau materiell oder dienstlich abhängig ist,

wird mit Freiheitsentziehung bis zu drei Jahren bestraft.

Art. 119
Geschlechtsverkehr mit einer Person, die die Geschlechtsreife noch nicht erreicht hat

Der Geschlechtsverkehr mit einer Person, die die Geschlechtsreife noch nicht erreicht hat,

wird mit Freiheitsentziehung bis zu drei Jahren bestraft.

Die gleichen Handlungen werden, wenn sie mit der Befriedigung des Geschlechtstriebes in widernatürlichen Formen verbunden waren,

mit Freiheitsentziehung bis zu sechs Jahren bestraft.

Art. 120
Unzüchtige Handlungen

Unzüchtige Handlungen an Minderjährigen

werden mit Freiheitsentziehung bis zu drei Jahren bestraft.

Art. 121
Unzucht zwischen Männern

Die Geschlechtsbeziehungen zwischen Männern (Unzucht zwischen Männern)

werden mit Freiheitsentziehung bis zu fünf Jahren bestraft.

Unzucht zwischen Männern wird, wenn sie unter Anwendung von körperlicher Gewalt, von Drohungen oder an einem Minderjährigen oder unter Ausnutzung der Abhängigkeit des Verletzten begangen wurde,

mit Freiheitsentziehung bis zu acht Jahren bestraft.

Art. 122

Böswillige Verletzung der Pflicht zur Zahlung von Alimenten oder zur Unterhaltsgewährung an die Kinder

Die böswillige Nichterfüllung von Unterhaltsurteilen zugunsten minderjähriger Kinder durch die Eltern oder deren böswillige Verletzung der Pflicht zur Unterhaltsgewährung an volljährige, aber arbeitsunfähige Kinder die von ihnen unterhalten werden,

wird mit Freiheitsentziehung bis zu einem Jahr oder mit Verbannung bis zu drei Jahren oder mit Besserungsarbeit bis zu einem Jahre bestraft.

Art. 123

Böswillige Verweigerung der Unterstützung an die Eltern

Die böswillige Nichterfüllung von Unterhaltsurteilen zugunsten arbeitsunfähiger Eltern

wird mit Besserungsarbeit bis zu einem Jahr oder mit öffentlichem Tadel bestraft oder zieht die Anwendung von Maßnahmen gesellschaftlicher Einwirkung nach sich.

Art. 124

Mißbrauch der Pflichten eines Vormunds

Das Ausnutzen der Vormundschaft zu gewinnsüchtigen Zwecken oder das Verlassen der Mündel ohne Aufsicht und notwendige Hilfe

wird mit Freiheitsentziehung bis zu zwei Jahren oder mit Besserungsarbeit bis zu einem Jahr bestraft.

Art. 125

Kindesraub oder Vertauschen eines Kindes

Der Raub eines fremden Kindes oder das Vertauschen des Kindes wird bei Begehung aus Gewinnsucht oder aus anderen niedrigen Beweggründen

mit Freiheitsentziehung bis zu sieben Jahren bestraft.

Die gleichen Handlungen werden, wenn sie ohne die in Absatz 1 dieses Artikels genannten Merkmale begangen wurden,

mit Freiheitsentziehung bis zu einem Jahr oder mit Besserungsarbeit für die gleiche Dauer bestraft.

Art. 126

Freiheitsberaubung

Widerrechtliche Freiheitsentziehung

wird mit Freiheitsentziehung bis zu sechs Monaten oder mit

Besserungsarbeit für die gleiche Dauer oder mit öffentlichem Tadel bestraft.

Die gleiche Handlung wird, wenn sie auf eine für Leben oder Gesundheit des Verletzten gefährliche Weise begangen wurde oder unter Zufügung von körperlichen Leiden für den Verletzten erfolgte,
mit Freiheitsentziehung bis zu drei Jahren bestraft.

Art. 127
Unterlassene Hilfeleistung

Die Verweigerung notwendiger und offensichtlich dringender Hilfe, die der Täter, wie er wußte, ohne eine ernste Gefahr für sich selbst oder für andere Personen leisten konnte, gegenüber einer sich in einem lebensgefährlichen Zustand befindenden Person oder die Unterlassung der Mitteilung an die zuständigen Behörden oder Personen über die Notwendigkeit der Hilfeleistung
wird mit Besserungsarbeit bis zu sechs Monaten oder mit öffentlichem Tadel bestraft oder zieht die Anwendung von Maßnahmen gesellschaftlicher Einwirkung nach sich.

Die bewußte Unterlassung der Hilfeleistung gegenüber einer Person, die sich in einem lebensgefährlichen Zustand befindet und wegen Minderjährigkeit, Alters, Krankheit oder überhaupt infolge ihrer Hilflosigkeit keine Möglichkeit hat, Maßnahmen zur Selbsterhaltung zu ergreifen, wird, wenn der Täter in der Lage war, dem Verletzten Hilfe zu leisten, und verpflichtet war, sich um ihn zu kümmern, oder den Verletzten selbst in den lebensgefährlichen Zustand gebracht hat,
mit Freiheitsentziehung bis zu zwei Jahren oder mit Besserungsarbeit bis zu einem Jahr bestraft.

Art. 128
Verweigerung der Hilfe gegenüber einem Kranken

Die Verweigerung der Hilfe gegenüber einem Kranken ohne triftige Gründe durch eine Person, die gesetzlich oder auf Grund einer besonderen Vorschrift zu Hilfeleistung verpflichtet war,
wird mit Besserungsarbeit bis zu einem Jahr oder mit Geldstrafe bis zu einhundert Rubel oder mit öffentlichem Tadel bestraft oder zieht die Anwendung von Maßnahmen gesellschaftlicher Einwirkung nach sich.

Die gleiche Handlung wird, wenn sie den Tod des Kranken oder andere für ihn schwere Folgen verursacht hat oder, wie dem Täter bekannt war, verursachen konnte,
mit Freiheitsentziehung bis zu zwei Jahren, verbunden mit der Aberkennung des Rechts, die Berufstätigkeit für die Dauer bis zu drei Jahren auszuüben, bestraft.

Art. 129

Verweigerung der Hilfe gegenüber Schiffbrüchigen durch einen Schiffskapitän

Die Verweigerung der Hilfe durch einen Schiffskapitän gegenüber Personen, die auf See oder auf einer anderen Wasserstraße Schiffbruch erleiden, wird, wenn diese Hilfe ohne ernste Gefahr für das eigene Schiff, seine Mannschaft und Passagiere hätte geleistet werden können,

mit Freiheitsentziehung bis zu zwei Jahren oder mit Besserungsarbeit bis zu einem Jahr, verbunden mit der Aberkennung des Rechts, das Amt eines Kapitäns zu bekleiden oder ohne solche, bestraft.

Art. 130

Verleumdung

Verleumdung, d. h. die Verbreitung von wissentlich falschen, eine andere Person verächtlich machenden Tatsachen,

wird mit Freiheitsentziehung bis zu einem Jahr oder mit Besserungsarbeit für die gleiche Dauer oder mit Geldstrafe bis zu fünfzig Rubel *oder mit Auferlegung der Schadenswiedergutmachung* oder mit öffentlichem Tadel bestraft oder zieht die Anwendung von Maßnahmen gesellschaftlicher Einwirkung nach sich.

Verleumdung in einer gedruckten oder auf andere Weise vervielfältigten Schrift sowie durch eine Person, die bereits früher wegen Verleumdung verurteilt wurde,

wird mit Freiheitsentziehung bis zu drei Jahren oder mit Besserungsarbeit bis zu einem Jahr bestraft.

Verleumdung, die mit der Anschuldigung eines schweren Staatsverbrechens oder eines anderen schweren Verbrechens verbunden war,

wird mit Freiheitsentziehung bis zu fünf Jahren bestraft.

Art. 131

Beleidigung

Beleidigung, d. h. die vorsätzliche Herabsetzung der Ehre und der Würde der Persönlichkeit in ungehöriger Form,

wird mit Besserungsarbeit bis zu sechs Monaten oder mit Geldstrafe bis zu fünfzig Rubel *oder mit Auferlegung der Schadenswiedergutmachung* oder mit öffentlichem Tadel bestraft oder zieht die Anwendung von Maßnahmen gesellschaftlicher Einwirkung nach sich.

Die Beleidigung in der Presse sowie die Beleidigung durch eine Person, die bereits früher wegen Beleidigung verurteilt wurde,

wird mit Besserungsarbeit bis zu einem Jahr oder mit Geldstrafe bis zu einhundert Rubel bestraft.

Viertes Kapitel

Verbrechen gegen die politischen Rechte und Arbeitsrechte der Bürger

Art. 132

Behinderung der Ausübung des Wahlrechts

Die Behinderung eines Bürgers der UdSSR an der Ausübung des Wahlrechts durch Gewalt, Täuschung, Drohung oder Bestechung

wird mit Freiheitsentziehung bis zu zwei Jahren oder mit Besserungsarbeit bis zu einem Jahr bestraft.

Art. 133

Fälschung der Wahlunterlagen oder unrichtige Auszählung der Stimmen

Die Fälschung der Wahlunterlagen oder eine wissentlich unrichtige Auszählung der Stimmen sowie die Verletzung des Wahlgeheimnisses durch ein Mitglied der Wahlkommission oder durch eine andere Amtsperson

wird mit Freiheitsentziehung bis zu drei Jahren oder mit Besserungsarbeit bis zu einem Jahr bestraft.

Art. 134

Verletzung der Gleichberechtigung der Frau

Das Behindern einer Frau an staatlicher, gesellschaftlicher oder kultureller Tätigkeit wird, wenn es die Gleichberechtigung der Frau wesentlich verletzt und wenn es mit Gewalt oder Drohung mit Gewalt verbunden war,

mit Freiheitsentziehung bis zu zwei Jahren oder mit Besserungsarbeit bis zu einem Jahr bestraft.

Art. 135

Verletzung des Briefgeheimnisses

Die Verletzung des Briefgeheimnisses der Bürger

wird mit Besserungsarbeit bis zu sechs Monaten oder mit Geldstrafe bis zu dreißig Rubel oder mit öffentlichem Tadel bestraft.

Art. 136

Verletzung des Rechts auf Unverletzlichkeit der Wohnung

Eine gesetzwidrige Durchsuchung, Ausweisung aus der Wohnung oder andere gesetzwidrige Handlungen, die das Recht der Bürger auf die Unverletzlichkeit der Wohnung beeinträchtigen,

werden mit Freiheitsentziehung bis zu einem Jahr oder mit Besserungsarbeit für die gleiche Dauer oder mit Geldstrafe bis zu fünfzig Rubel oder mit Amtsenthebung bestraft.

Art. 137

Verletzung der gesetzlichen Rechte der Gewerkschaften

Die Behinderung der gesetzlichen Tätigkeit der Gewerkschaften und ihrer Organe

wird mit Besserungsarbeit bis zu einem Jahr oder mit Geldstrafe bis zu einhundert Rubel oder mit Amtsenthebung bestraft.

Art. 138

Verletzung der Arbeitsgesetzgebung

Die gesetzwidrige Entlassung eines Werktätigen aus persönlichen Motiven, die Nichtbeachtung eines auf seine Wiedereinstellung erkennenden Zivilurteils sowie eine sonstige vorsätzliche wesentliche Verletzung der Arbeitsgesetzgebung wird, wenn sie durch eine Amtsperson eines staatlichen oder gesellschaftlichen Betriebes oder einer Behörde begangen wurde,

mit Besserungsarbeit bis zu einem Jahr oder mit Amtsenthebung bestraft.

Art. 139

Verweigerung der Einstellung oder die Entlassung einer werdenden oder stillenden Mutter

Die Verweigerung der Einstellung oder die Entlassung einer Frau aus Gründen ihrer Schwangerschaft sowie die Verweigerung der Einstellung oder die Entlassung einer stillenden Mutter aus diesem Grunde

wird mit Besserungsarbeit bis zu einem Jahr oder mit Amtsenthebung bestraft.

Art. 140

Verletzung der Arbeitsschutzvorschriften

Die Verletzung der technischen Sicherheitsvorschriften, der Sanitätsvorschriften in der Industrie oder sonstiger Vorschriften über den Arbeitsschutz wird, wenn diese Verletzung Unfälle mit Personenschaden oder andere schwere Folgen verursachen konnte,

mit Freiheitsentziehung bis zu einem Jahr oder mit Besserungsarbeit für die gleiche Dauer oder mit Geldstrafe bis zu einhundert Rubel oder mit Amtsenthebung bestraft.

Die gleichen Handlungen werden, wenn sie eine Körperverletzung oder die Minderung der Arbeitsfähigkeit verursacht haben,

mit Freiheitsentziehung bis zu drei Jahren oder mit Besserungsarbeit bis zu einem Jahr bestraft.

Die in Absatz 1 dieses Artikels genannten Handlungen werden, wenn sie den Tod eines Menschen oder schwere Körperverletzungen mehrerer Personen verursacht haben,

mit Freiheitsentziehung bis zu fünf Jahren bestraft.

Art. 141

Verletzung der Urheber- und Erfinderrechte

Die Veröffentlichung eines fremden wissenschaftlichen oder literarischen Werkes, eines Musikstückes oder eines Werkes der bildenden Kunst unter eigenem Namen oder eine andere Aneignung der Autorenschaft an einem solchen Werk oder die gesetzwidrige Reproduktion oder Verbreitung eines solchen Werkes sowie die Nötigung zur Mitautorenschaft

wird mit Freiheitsentziehung bis zu einem Jahr oder mit Geldstrafe bis zu fünfhundert Rubel bestraft.

Die Veröffentlichung einer Erfindung vor ihrer Anmeldung ohne die Einwilligung des Erfinders, die Aneignung der Urheberschaft an der Erfindung, die Nötigung zur Miturheberschaft an der Erfindung sowie die Aneignung der Urheberschaft an einem Rationalisierungsvorschlag

wird mit Freiheitsentziehung bis zu einem Jahr oder mit Besserungsarbeit für die gleiche Dauer oder mit Geldstrafe bis zu fünfhundert Rubel bestraft.

Art. 142

Verletzung der Gesetze über die Trennung der Kirche vom Staat und der Schule von der Kirche

Die Verletzung der Gesetze über die Trennung der Kirche vom Staat und der Schule von der Kirche

wird mit Besserungsarbeit bis zu einem Jahr oder mit Geldstrafe bis zu fünfzig Rubel bestraft.

Art. 143

Behinderung der Ausübung religiöser Kulthandlungen

Die Behinderung der Ausübung religiöser Kulthandlungen wird, sofern diese die öffentliche Ordnung nicht stören und nicht gleichzeitig einen Angriff auf die Rechte der Bürger enthalten,

mit Besserungsarbeit bis zu sechs Monaten oder mit öffentlichem Tadel bestraft.

Fünftes Kapitel

Verbrechen gegen das persönliche Eigentum der Bürger

Art. 144

Diebstahl

Die heimliche Entwendung persönlichen Vermögens der Bürger (Diebstahl)

wird mit Freiheitsentziehung bis zu zwei Jahren oder mit Besserungsarbeit bis zu einem Jahr bestraft.

Diebstahl, der wiederholt begangen wurde oder nach vorausgegangener Absprache einer Gruppe von Personen oder unter Anwendung technischer Hilfsmittel erfolgte oder der dem Verletzten einen beträchtlichen Schaden zugefügt hat,

wird mit Freiheitsentziehung bis zu fünf Jahren bestraft.

Wurde der Diebstahl von einem besonders gefährlichen Rückfälligen begangen,

so wird er mit Freiheitsentziehung von vier bis zu zehn Jahren bestraft.

Anmerkung:

Wiederholt begangen im Sinne der Artikel 144, 145 und 147 ist das Verbrechen einer Person, die bereits früher eines der in diesen Artikeln oder in den Artikeln 77, 89—93[1], 146 dieses Strafgesetzbuchs vorgesehenen Verbrechen begangen hat.

Art. 145

Plünderung

Die offene Entwendung persönlichen Vermögens der Bürger (Plünderung)

wird mit Freiheitsentziehung bis zu drei Jahren oder mit Besserungsarbeit bis zu einem Jahr bestraft.

Plünderung, die wiederholt oder nach vorausgegangener Absprache einer Gruppe von Personen begangen wurde oder die mit für Leben und Gesundheit des Verletzten nicht gefährlicher Gewaltanwendung verbunden war oder die dem Verletzten einen beträchtlichen Schaden zugefügt hat,

wird mit Freiheitsentziehung bis zu sieben Jahren bestraft.

Wurde die Plünderung von einem besonders gefährlichen Rückfälligen begangen,

so wird sie mit Freiheitsentziehung von fünf bis zu zehn Jahren bestraft.

Art. 146

Raub

Überfall mit dem Ziel der Besitzerlangung an persönlichem Vermögen der Bürger unter Anwendung von Gewalt, die für Leben und Gesundheit des Verletzten gefährlich ist oder unter Drohung mit der Anwendung solcher Gewalt (Raub)

wird mit Freiheitsentziehung von drei bis zu zehn Jahren bestraft.

Die gleichen Handlungen werden, wenn sie begangen wurden:

a) nach vorausgegangener Absprache einer Gruppe von Personen;
b) unter Anwendung von Waffen oder anderen Gegenständen, die als Waffen gebraucht werden;
c) unter Zufügung schwerer Körperverletzungen;
d) durch einen besonders gefährlichen Rückfälligen;

e) durch eine Person, die bereits früher Raub mit dem Ziel der Besitzergreifung an staatlichem oder gesellschaftlichem Vermögen oder an persönlichem Vermögen der Bürger begangen oder den Tatbestand des Banditentums erfüllt hat,

mit Freiheitsentziehung von sechs bis zu fünfzehn Jahren, verbunden mit Verbannung oder ohne solche, mit Vermögenskonfiskation oder ohne solche, bestraft.

Art. 147
Betrug

Die Besitzerlangung an persönlichem Vermögen der Bürger oder der Erwerb eines Vermögensrechts mittels Täuschung oder Vertrauensmißbrauchs (Betrug)

wird mit Freiheitsentziehung bis zu zwei Jahren oder mit Besserungsarbeit bis zu einem Jahr bestraft.

Betrug, der wiederholt oder nach vorausgegangener Absprache einer Gruppe von Personen begangen wurde,

wird mit Freiheitsentziehung bis zu vier Jahren bestraft.

Hat der Betrug dem Verletzten einen beträchtlichen Schaden zugefügt oder wurde er durch einen besonders gefährlichen Rückfälligen begangen,

so wird er mit Freiheitsentziehung von drei bis zu zehn Jahren bestraft.

Art. 148
Erpressung

Das Auffordern zur Übergabe persönlichen Vermögens der Bürger oder zur Übertragung eines Vermögensrechts oder zur Vornahme irgendwelcher Handlungen von vermögensrechtlicher Bedeutung unter Drohung mit Gewalt gegenüber dem Verletzten oder ihm nahestehenden Personen, Drohung mit Verbreitung von Nachrichten, die geeignet sind, sie verächtlich zu machen oder mit der Zerstörung ihres Vermögens (Erpressung)

wird mit Freiheitsentziehung bis zu drei Jahren oder mit Besserungsarbeit bis zu einem Jahr bestraft.

Art. 149
Vorsätzliche Zerstörung oder Beschädigung persönlichen Vermögens der Bürger

Die vorsätzliche Zerstörung oder Beschädigung persönlichen Vermögens der Bürger wird, wenn sie dem Verletzten einen beträchtlichen Schaden zugefügt hat,

mit Besserungsarbeit bis zu sechs Monaten, verbunden mit der Auferlegung der Schadenswiedergutmachung oder ohne solche, oder mit Geldstrafe bis zu einhundert Rubel, verbunden mit der Auferlegung der Schadenswiedergutmachung oder ohne die Auferlegung einer solchen Pflicht, bestraft.

Die vorsätzliche Zerstörung oder Beschädigung persönlichen Vermögens der Bürger, die mittels Brandstiftung oder auf andere gemeingefährliche Weise begangen wurde oder die Menschenopfer oder andere schwere Folgen verursacht hat,

wird mit Freiheitsentziehung bis zu acht Jahren bestraft.

Art. 150

Fahrlässige Zerstörung oder Beschädigung persönlichen Vermögens der Bürger

Die Zerstörung oder Beschädigung persönlichen Vermögens der Bürger als Folge fahrlässigen Umgangs mit Feuer wird, wenn sie Menschenopfer oder andere schwere Folgen verursacht hat,

mit Freiheitsentziehung bis zu drei Jahren oder mit Besserungsarbeit bis zu einem Jahr bestraft.

Art. 151

Verbrechen gegen das Eigentum von Vereinigungen, die keine sozialistischen Organisationen sind

Verbrechen gegen das Eigentum von Vereinigungen, die keine sozialistischen Organisationen sind, werden, wenn sie an dem Vermögen begangen wurden, das sich auf dem Territorium der RSFSR befindet,

entsprechend nach den Artikeln dieses Kapitels bestraft.

Sechstes Kapitel

Wirtschaftsverbrechen

Art. 152

Auslieferung von Produktion minderwertiger Qualität, nicht den Standards entsprechender oder unvollständiger Produktion

Die wiederholte oder in großem Umfang erfolgende Auslieferung aus einem Industriebetrieb von Produktion minderwertiger Qualität oder solcher, die den Standards oder technischen Bedingungen nicht entspricht oder unvollständig ist, durch den Direktor, einen leitenden Ingenieur oder den Leiter der Abteilung für technische Kontrolle sowie durch Personen, die andere Ämter bekleiden, aber die Befugnisse der genannten Personen wahrnehmen,

wird mit Freiheitsentziehung bis zu drei Jahren oder mit Besserungsarbeit bis zu einem Jahr oder mit Amtsenthebung bestraft.

Art. 152[1]

Zuschreibungen und andere Entstellungen der Rechenschaftslegung über die Planerfüllung

Zuschreibungen bei der staatlichen Rechenschaftslegung und die

Vorlage anderer vorsätzlich entstellter Angaben in Rechenschaftsberichten über die Planerfüllung werden als gegen den Staat gerichtete Handlungen, die der Volkswirtschaft der UdSSR Schaden zufügen,

mit Freiheitsentziehung bis zu drei Jahren bestraft.

Art. 153

Private Unternehmertätigkeit und kommerzielle Vermittlungstätigkeit

Private Unternehmertätigkeit unter Ausnutzung staatlicher, genossenschaftlicher oder anderer gesellschaftlicher Formen

wird mit Freiheitsentziehung bis zu fünf Jahren, verbunden mit Vermögenskonfiskation, oder mit Verbannung bis zu fünf Jahren und Vermögenskonfiskation bestraft.

Kommerzielle Vermittlungstätigkeit, die von Privatpersonen gewerbsmäßig oder mit dem Ziel der Bereicherung betrieben wird,

wird mit Freiheitsentziehung bis zu drei Jahren, verbunden mit Vermögenskonfiskation, oder mit Verbannung bis zu drei Jahren und mit Vermögenskonfiskation bestraft.

Art. 154

Spekulation

Spekulation, d. h. der Kauf und Wiederverkauf von Waren oder anderen Gegenständen mit dem Ziel leichten Erwerbs,

wird mit Freiheitsentziehung bis zu zwei Jahren, verbunden mit Vermögenskonfiskation oder ohne solche, oder mit Besserungsarbeit bis zu einem Jahr oder mit Geldstrafe bis zu dreihundert Rubel bestraft.

Gewerbsmäßige oder in großem Umfang betriebene Spekulation

wird mit Freiheitsentziehung von zwei bis zu sieben Jahren, verbunden mit Vermögenskonfiskation, bestraft.

Wurde geringfügige Spekulation *von einer Person begangen, die bereits früher Spekulation* begangen hat,

so wird sie *mit Freiheitsentziehung bis zu einem Jahr oder* mit Besserungsarbeit für die gleiche Dauer oder mit Geldstrafe bis zu zweihundert Rubel, verbunden mit der Konfiskation der Spekulationsobjekte, bestraft.

Art. 154[1]

Ankauf zwecks Verfütterung oder die Verfütterung von Brot und anderen Getreideerzeugnissen an Vieh und Geflügel

Der Ankauf von Brot, Mehl, Grütze und anderen Getreideerzeugnissen in staatlichen oder genossenschaftlichen Einzelhandelsgeschäften zwecks Verfütterung an Vieh und Geflügel sowie die Verfütterung in Einzelhandelsgeschäften angekauften Brotes, Mehls, angekaufter Grütze und anderer Getreideerzeugnisse an Vieh und Geflügel wird bei Begehung nach Auferlegung einer Geldstrafe im Verwaltungsverfahren für diese Handlungen oder bei fortgesetzter Begehung oder bei Begehung in großem Umfang

mit Besserungsarbeit bis zu einem Jahr oder mit Freiheitsentziehung von einem bis zu drei Jahren, verbunden mit der Konfiskation des Viehs oder ohne solche, bestraft.

Art. 155

Gesetzwidriger Gebrauch von Warenzeichen

Der gesetzwidrige Gebrauch eines fremden Warenzeichens

wird mit Besserungsarbeit bis zu sechs Monaten oder mit Geldstrafe bis zu dreihundert Rubel bestraft.

Art. 156

Täuschung der Käufer

Falsches Messen, Wiegen, Überschreitung der festgesetzten Einzelhandelspreise, falsche Berechnung des Preises oder eine sonstige Täuschung der Käufer in Warenhäusern und anderen Einzelhandelsbetrieben oder in öffentlichen Restaurationsbetrieben

wird mit Freiheitsentziehung bis zu zwei Jahren oder mit Besserungsarbeit bis zu einem Jahr oder mit der Aberkennung des Rechts, in Handelsbetrieben oder öffentlichen Restaurationsbetrieben Ämter zu bekleiden, bestraft.

Die gleichen Handlungen werden, wenn sie in großem Umfang oder von Personen begangen wurden, die bereits früher wegen der gleichen Verbrechen verurteilt worden waren,

mit Freiheitsentziehung von zwei bis zu sieben Jahren, verbunden mit Vermögenskonfiskation oder ohne solche und der Aberkennung des Rechts, in Handelsbetrieben oder öffentlichen Restaurationsbetrieben Ämter zu bekleiden, bestraft.

Art. 157

Auslieferung zum Verkauf qualitativ schlechter, den Standards nicht entsprechender und unvollständiger Waren

Die wiederholte oder in großem Umfang erfolgende Auslieferung zum Verkauf in Einzelhandelsbetrieben, wie dem Täter bekannt ist, qualitativ minderwertiger, den Standards nicht entsprechender oder unvollständiger Waren durch den Leiter des Verkaufsbetriebes, des Versorgungslagers, des Warenlagers, der Warenabteilung sowie den Warenprüfer oder den Gütekontrolleur wird mit Freiheitsentziehung bis zu zwei Jahren oder mit Besserungsarbeit bis zu einem Jahr oder mit Geldstrafe bis zu einhundert Rubel oder mit Aberkennung des Rechts, die genannten Ämter zu bekleiden, bestraft.

Art. 158

Gesetzwidrige Herstellung und Aufbewahrung sowie gesetzwidriger Absatz von alkoholischen Getränken

Die Erzeugung oder Aufbewahrung von Hausbranntwein, *Tresterbranntwein, Arrak, Maulbeerschnaps, Hausbier* oder anderen starken alkoholischen Getränken *der Hausproduktion* ohne das Ziel ihres Absatzes sowie die Herstellung von Apparaten zu ihrer Erzeugung ohne das Ziel ihres Absatzes *oder die Aufbewahrung solcher Apparate*

wird mit *Freiheitsentziehung bis zu einem Jahr* oder mit Geldstrafe bis zu *dreihundert* Rubel bestraft.

Die Erzeugung oder Aufbewahrung von Hausbranntwein, *Tresterbranntwein, Arrak, Maulbeerschnaps, Hausbier* oder anderen starken alkoholischen Getränken *der Hausproduktion* mit dem Ziel ihres Absatzes oder die Herstellung von Apparaten zu ihrer Erzeugung mit demselben Ziel sowie der Absatz der genannten alkoholischen Getränke oder Apparate

wird mit Freiheitsentziehung *von einem* bis zu drei Jahren, *verbunden mit Vermögenskonfiskation oder ohne solche,* bestraft.

Art. 159

Fälschung von Postwertzeichen und Fahrscheinen

Die Fälschung von Postmarken oder anderen Postwertzeichen oder von internationalen Rückantwortkarten sowie der Gebrauch und das Inverkehrbringen von gefälschten Postmarken und anderen Postwertzeichen oder von internationalen Rückantwortkarten

wird mit Freiheitsentziehung bis zu zwei Jahren oder mit Besserungsarbeit bis zu einem Jahr bestraft.

Die gewerbsmäßige Herstellung und der Absatz gefälschter Fahrscheine oder anderer Fahrberechtigungsscheine für Passagiere oder Beförderungsscheine für Lasten

wird mit Freiheitsentziehung bis zu drei Jahren bestraft.

Art. 160

Verletzung von Veterinärvorschriften

Die Verletzung von Veterinärvorschriften wird, wenn sie die Verbreitung von Viehseuchen oder andere schwere Folgen verursacht hat,

mit Freiheitsentziehung bis zu drei Jahren oder mit Besserungsarbeit bis zu einem Jahr bestraft.

Art. 161
Verletzung der zur Bekämpfung von Pflanzenkrankheiten und Pflanzenschädlingen erlassenen Vorschriften

Die Verletzung der geltenden Vorschriften für die Bekämpfung von Pflanzenkrankheiten und Pflanzenschädlingen wird, wenn sie schwere Folgen verursacht hat,

mit Freiheitsentziehung bis zu einem Jahr oder mit Besserungsarbeit für die gleiche Dauer bestraft.

Art. 162
Ausübung eines verbotenen Gewerbes

Die Ausübung eines ausdrücklich verbotenen Gewerbes wird, *wenn diese Handlung keine administrative Verantwortlichkeit nach sich zieht oder* wenn sie nach Auferlegung einer Verwaltungsstrafe wegen einer gleichen Handlung begangen wurde,

mit Besserungsarbeit bis zu einem Jahr oder mit Geldstrafe bis zu zweihundert Rubel bestraft.

Die Ausübung eines ausdrücklich verbotenen Gewerbes wird bei Begehung in beträchtlichem Umfang oder unter Ausnutzung von Dienstleistungen *oder aber durch eine bereits früher wegen Ausübung eines verbotenen Gewerbes vorbestrafte Person*

mit Freiheitsentziehung bis zu vier Jahren, verbunden mit Vermögenskonfiskation oder ohne solche, bestraft.

Art. 163
Gesetzwidrige Ausübung der Fischerei und anderer Fanggewerbe in Gewässern

Die Ausübung der Fischerei, des Tierfangs und anderer Fanggewerbe in den Territorialgewässern der UdSSR, in Binnenmeeren, in Flüssen und Seen, Teichen, Stauseen und ihren Zuflußgewässern ohne die dafür erforderliche Erlaubnis oder zu verbotener Zeit oder an unerlaubten Stellen oder mit unerlaubten Geräten, mit unerlaubten Methoden und Verfahren

wird mit Freiheitsentziehung bis zu einem Jahr oder mit Besserungsarbeit für die gleiche Dauer oder mit Geldstrafe bis zu einhundert Rubel, verbunden mit der Konfiskation der Fangbeute, des Fanggeräts und der Wasserfahrzeuge mit ihrem Zubehör oder ohne Konfiskation, bestraft.

Die gleichen Handlungen werden bei wiederholter Begehung oder, wenn sie mit dem Fang oder der Tötung wertvoller Arten von Fischen oder Wassertieren verbunden waren oder unter Zufügung eines großen Schadens erfolgten,

mit Freiheitsentziehung bis zu vier Jahren, verbunden mit Vermögenskonfiskation oder ohne solche, bestraft.

Art. 164

Gesetzwidriges Seehund- und Biberfanggewerbe

Die Ausübung des Fanggewerbes von Seehunden und Seebibern auf offenem Meer sowie in verbotenen Zonen

wird mit Freiheitsentziehung bis zu einem Jahr oder mit Besserungsarbeit für die gleiche Dauer oder mit Geldstrafe bis zu eintausend Rubel, verbunden mit der Konfiskation der Fangbeute, des Fanggeräts und der Wasserfahrzeuge mit ihrem Zubehör, bestraft.

Art. 165

Ausübung der Flößerei oder Durchführung von Sprengarbeiten unter Verletzung der Vorschriften über den Schutz der Fischbestände

Die Ausübung der Flößerei oder die Durchführung von Sprengarbeiten unter Verletzung der Vorschriften zum Schutze der Fischbestände

wird mit Besserungsarbeit bis zu sechs Monaten oder mit Geldstrafe bis zu zweihundert Rubel bestraft.

Art. 166

Gesetzwidrige Jagd

Jagd ohne die dafür erforderliche Erlaubnis oder an verbotenen Stellen oder zu verbotenen Zeiten, mittels unerlaubten Geräts oder mit unerlaubten Methoden wird, wenn diese Handlungen nach Anwendung von Maßnahmen administrativer Einwirkung wegen einer gleichen Verletzung begangen wurden,

mit Besserungsarbeit bis zu einem Jahr oder mit Geldstrafe bis zu zweihundert Rubel bestraft.

Die Jagd auf wilde Tiere und Vögel, die vollständig unter Naturschutz stehen, oder gesetzwidrige Jagd, die einen großen Schaden verursacht hat,

wird mit Freiheitsentziehung bis zu einem Jahr oder mit Besserungsarbeit für die gleiche Dauer oder mit Geldstrafe bis zu fünfhundert Rubel, verbunden mit der Konfiskation der Jagdbeute und des Jagdgeräts oder ohne solche, bestraft.

Art. 167

Verletzung der Vorschriften über *die Gewinnung von Bodenschätzen und* die Ablieferung von Gold an den Staat

Die von einzelnen Bürgern begangene Verletzung der Vorschriften über *die Gewinnung von Bodenschätzen sowie der Vorschriften über* die Ablieferung des von ihnen aus dem Erdinnern gewonnenen Goldes oder anderer Edelmetalle oder Edelsteine an den Staat

wird mit Geldstrafe bis zu eintausend Rubel, verbunden mit der Konfiskation der Ausbeute, bestraft.

Die gleichen Handlungen werden, wenn sie dem Staat einen großen Schaden zugefügt haben,

mit Freiheitsentziehung bis zu fünf Jahren, verbunden mit Vermögenskonfiskation, bestraft.

Art. 168

Vorsätzliche Vernichtung von Saaten, Beschädigung von Feldschutzwäldern und anderen Anpflanzungen

Die vorsätzliche Vernichtung von Saaten sowie die vorsätzliche Beschädigung von Feldschutzwäldern, Obst- und Beerenkulturen sowie anderen Anpflanzungen, die einem Kolchos, einem Sowchos oder einem anderen staatlichen oder gesellschaftlichen Wirtschaftsbetrieb einen beträchtlichen Schaden zugefügt hat,

wird mit Besserungsarbeit bis zu einem Jahr oder mit Geldstrafe bis zu einhundert Rubel oder mit der Auferlegung der Schadenswiedergutmachung bestraft.

Art. 169

Gesetzwidriger Holzschlag

Gesetzwidriger Holzschlag in Wäldern, die dem Schutz der Felder, des Erdbodens und der Ufer dienen, in staatlichen Naturschutzgebieten, in Wäldern der Kurorte, in Waldparks, in Wäldern der grünen Zone im Umkreis von Städten und Industriebetrieben wird, *wenn der Schaden einhundert Rubel und in den übrigen Wäldern der ersten Gruppe*[13]*) zweihundert Rubel übersteigt, wobei die Sätze maßgebend sind, die für die Berechnung des Ersatzes für die durch gesetzwidrigen Holzschlag oder durch Waldbeschädigung verursachten Schäden gelten, oder in sonstigen Wäldern, wenn der Schaden nach denselben Sätzen dreihundert Rubel übersteigt, und ebenso wiederholter Holzschlag in den genannten Wäldern, der einen geringeren Schaden verursacht hat,*

mit Freiheitsentziehung bis zu einem Jahr oder mit Besserungsarbeit für die gleiche Dauer oder mit Geldstrafe bis zu dreihundert Rubel, verbunden mit der Konfiskation der gesetzwidrigen Ausbeute, bestraft.

Gesetzwidriger Holzschlag in Wäldern jeder Art wird, wenn er gewerbsmäßig betrieben wird oder trotz erstmaliger Begehung einen großen Schaden verursacht hat,

mit Freiheitsentziehung bis zu drei Jahren oder mit Geldstrafe bis zu fünfhundert Rubel, verbunden mit der Konfiskation der gesetzwidrigen Ausbeute, bestraft.

---

[13]) Wälder, die sich in staatlicher Verwaltung befinden, (d. h. alle Wälder außer Kolchoswäldern) werden in drei Gruppen eingeteilt: zur ersten Gruppe gehören außer den oben aufgezählten Waldarten Waldschutzstreifen und Steppenhaine (Anm. d. Übers.).

Siebentes Kapitel
Amtsverbrechen

Art. 170
Mißbrauch der Amtsgewalt oder der Dienststellung

Der Mißbrauch der Amtsgewalt oder der Dienststellung, d. h. die vorsätzliche Ausnutzung der Dienststellung durch eine Amtsperson entgegen den Interessen des Dienstes, wird, wenn er aus Gewinnsucht oder aus einem anderen persönlichen Interesse begangen wurde und den staatlichen oder gesellschaftlichen Interessen oder den gesetzlich geschützten Rechten und Interessen der Bürger einen beträchtlichen Schaden zugefügt hat,

mit Freiheitsentziehung bis zu drei Jahren oder mit Besserungsarbeit bis zu einem Jahr oder mit Amtsenthebung bestraft.

Mißbrauch der Amtsgewalt oder der Dienststellung wird, wenn er schwere Folgen verursacht hat,

mit Freiheitsentziehung bis zu acht Jahren bestraft.

Anmerkung:

Amtspersonen im Sinne der Artikel dieses Kapitels sind Personen, die dauernd oder zeitweilig die Funktionen von Vertretern der Amtsgewalt wahrnehmen oder die dauernd oder zeitweilig in staatlichen oder gesellschaftlichen Institutionen, Organisationen oder in Betrieben Ämter bekleiden, die mit der Erfüllung organisatorisch-verfügender oder wirtschaftlich-administrativer Pflichten verbunden sind, oder die solche Pflichten in den genannten Institutionen, Organisationen und Betrieben auf Grund einer besonderen Vollmacht wahrnehmen.

Art. 171
Überschreitung der Amtsgewalt oder der Dienstvollmachten

Die Überschreitung der Amtsgewalt oder der Dienstvollmachten, d. h. die vorsätzliche Begehung von Handlungen durch eine Amtsperson, die offensichtlich die Rechte und Vollmachten überschreiten, die dieser Person gesetzlich eingeräumt sind, wird, wenn sie den staatlichen oder gesellschaftlichen Interessen oder den gesetzlich geschützten Rechten und Interessen der Bürger einen beträchtlichen Schaden zugefügt hat,

mit Freiheitsentziehung bis zu drei Jahren oder mit Besserungsarbeit bis zu einem Jahr oder mit Amtsenthebung bestraft.

Die Überschreitung der Amtsgewalt oder der Dienstvollmachten wird, wenn sie mit Gewalt, Waffengebrauch oder mit peinigenden und die persönliche Würde des Verletzten beleidigenden Handlungen verbunden war,

mit Freiheitsentziehung bis zu zehn Jahren bestraft.

Art. 172
Nachlässigkeit im Amt

Die Nichterfüllung oder mangelhafte Erfüllung von Dienstpflichten durch eine Amtsperson infolge eines nachlässigen oder nicht gewissenhaften Verhaltens diesen gegenüber wird, wenn sie den staatlichen oder gesellschaftlichen Interessen oder den gesetzlich geschützten Rechten und Interessen der Bürger einen beträchtlichen Schaden zugefügt hat,

mit Freiheitsentziehung bis zu drei Jahren oder mit Besserungsarbeit bis zu einem Jahr oder mit Amtsenthebung bestraft.

Art. 173
Passive Bestechung

Die persönliche oder von Mittelspersonen vermittelte Annahme eines Bestechungsmittels jeder Art durch eine Amtsperson für die Vornahme oder Unterlassung irgendeiner Handlung im Interesse des Gebers, welche die Amtsperson kraft ihrer Dienststellung vornehmen mußte oder konnte,

wird mit Freiheitsentziehung *von drei bis zu zehn* Jahren, *verbunden mit Vermögenskonfiskation,* bestraft.

Die gleichen Handlungen werden bei Begehung durch eine Amtsperson, die eine verantwortliche Stellung innehat oder die bereits früher wegen Bestechung verurteilt wurde oder wiederholt Bestechungsmittel angenommen hat, oder, wenn sie mit einer Erpressung zwecks Erlangung eines Bestechungsmittels verbunden waren,

mit Freiheitsentziehung von *acht bis zu fünfzehn* Jahren, verbunden mit Vermögenskonfiskation *und nach Verbüßung der Freiheitsentziehung mit Verbannung von zwei bis zu fünf Jahren oder ohne solche, und bei besonders erschwerenden Umständen mit dem Tode, verbunden mit Vermögenskonfiskation,* bestraft.

Art. 174
Aktive Bestechung

Die Hingabe eines Bestechungsmittels

wird mit Freiheitsentziehung *von drei bis zu acht* Jahren bestraft.

Die Hingabe eines Bestechungsmittels wird, wenn sie wiederholt oder von einer Person begangen wurde, die bereits früher wegen Bestechung verurteilt worden war,

mit Freiheitsentziehung *von sieben bis zu fünfzehn Jahren, verbunden mit Vermögenskonfiskation oder ohne solche und nach Verbüßung der Freiheitsentziehung mit Verbannung von zwei bis zu fünf Jahren oder ohne solche,* bestraft.

Anmerkung:

Einer Person, die ein Bestechungsmittel hingegeben hat, wird die strafrechtliche Verantwortlichkeit erlassen, wenn sie zur Hingabe des Bestechungsmittels erpreßt worden war oder nach der Hingabe des Bestechungsmittels freiwillig von dem Ereignis Anzeige erstattet hat.

Art. 174[1]

Vermittlung bei einer Bestechung

Die Vermittlung bei einer Bestechung

wird mit Freiheitsentziehung von zwei bis zu acht Jahren bestraft.

Die Vermittlung bei einer Bestechung wird bei wiederholter Begehung oder bei Begehung durch eine bereits früher wegen Bestechung verurteilte Person oder, wenn sie unter Ausnutzung der eigenen Dienststellung begangen wurde,

mit Freiheitsentziehung von sieben bis zu fünfzehn Jahren, verbunden mit Vermögenskonfiskation und nach Verbüßung der Freiheitsentziehung mit Verbannung von zwei bis zu fünf Jahren oder ohne solche, bestraft.

Art. 175

Urkundenfälschung im Amt

Urkundenfälschung im Amt, d. h. die durch eine Amtsperson in gewinnsüchtiger Absicht oder aus anderen persönlichen Beweggründen vorgenommene Eintragung wissentlich falscher Tatsachen in amtliche Urkunden, deren Verfälschung durch Korrektur, Rasur oder Falschdatierung sowie die Herstellung und das Inverkehrbringen wissentlich falscher Urkunden oder die Eintragung von wissentlich falschen Tatsachen in Bücher

wird mit Freiheitsentziehung bis zu zwei Jahren oder mit Besserungsarbeit bis zu einem Jahr oder mit Amtsenthebung bestraft.

Achtes Kapitel

Verbrechen gegen die Rechtsprechung

Art. 176

Heranziehung eines wissentlich Unschuldigen zur strafrechtlichen Verantwortung

Die Heranziehung eines wissentlich Unschuldigen zur strafrechtlichen Verantwortung durch die die Ermittlung führende Person, den Untersuchungsführer oder den Staatsanwalt

wird mit Freiheitsentziehung bis zu drei Jahren bestraft.

Die gleichen Handlungen werden, wenn sie mit der Beschuldigung eines besonders gefährlichen Staatsverbrechens oder eines anderen schweren Verbrechens oder mit der Schaffung von falschen Schuldbeweisen verbunden waren,

mit Freiheitsentziehung von drei bis zu zehn Jahren bestraft.

Art. 177
Rechtsbeugung

Der Erlaß eines wissentlich falschen Strafurteils, Zivilurteils, eines Beschlusses oder einer Verfügung durch Richter
wird mit Freiheitsentziehung bis zu drei Jahren bestraft.

Die gleichen Handlungen werden, wenn sie schwere Folgen verursacht haben,
mit Freiheitsentziehung von drei bis zu zehn Jahren bestraft.

Art. 178
Wissentlich gesetzwidrige Verhaftung oder Festnahme

Wissentlich gesetzwidrige Verhaftung
wird mit Freiheitsentziehung bis zu einem Jahr bestraft.

Wissentlich gesetzwidrige Festnahme
wird mit Besserungsarbeit bis zu einem Jahr oder mit Amtsenthebung bestraft.

Art. 179
Aussagenerpressung

Die Aussagenerpressung durch Drohungen oder andere gesetzwidrige Handlungen seitens der die Ermittlung führenden Person oder des Untersuchungsführers
wird mit Freiheitsentziehung bis zu drei Jahren bestraft.

Die gleichen Handlungen werden, wenn sie mit Gewaltanwendung oder mit Verspottung der Persönlichkeit des Vernommenen verbunden waren,
mit Freiheitsentziehung von drei bis zu zehn Jahren bestraft.

Art. 180
Wissentlich falsche Anschuldigung

Eine wissentlich falsche Anzeige von der Begehung eines Verbrechens
wird mit Freiheitsentziehung bis zu zwei Jahren oder mit Besserungsarbeit bis zu einem Jahr bestraft.

Die gleichen Handlungen werden, wenn sie mit der Anschuldigung, ein besonders gefährliches Staatsverbrechen oder ein anderes schweres Verbrechen begangen zu haben, oder mit der Schaffung von falschen Schuldbeweisen verbunden waren sowie wenn sie in gewinnsüchtiger Absicht begangen wurden,
mit Freiheitsentziehung von zwei bis zu sieben Jahren bestraft.

Art. 181
Wissentlich falsche Aussage

Eine wissentlich falsche Aussage eines Zeugen *oder des Verletzten* oder ein wissentlich falsches Gutachten eines Sachverständigen sowie eine wissentlich unrichtige Übersetzung, die vom Dolmetscher bei Gericht oder bei der Durchführung der Voruntersuchung oder Ermittlung angefertigt wurde,

wird mit Freiheitsentziehung bis zu einem Jahr oder mit Besserungsarbeit für die gleiche Dauer bestraft.

Die gleichen Handlungen werden, wenn sie mit der Anschuldigung, ein besonders gefährliches Staatsverbrechen oder ein anderes schweres Verbrechen begangen zu haben, oder mit der Schaffung von falschen Schuldbeweisen verbunden waren sowie wenn sie in gewinnsüchtiger Absicht begangen wurden,

mit Freiheitsentziehung von zwei bis zu sieben Jahren bestraft.

Art. 182

Verweigerung oder Umgehung einer Aussage oder eines Gutachtens durch einen Zeugen, *den Verletzten* oder einen Sachverständigen

Die Verweigerung oder Umgehung der Aussage durch einen Zeugen *oder den Verletzten* oder der Erstattung eines Gutachtens durch einen Sachverständigen in einer Gerichtssitzung oder bei der Durchführung der Voruntersuchung oder Ermittlung sowie die Behinderung des Zeugen *oder des Verletzten* am Erscheinen oder an der Aussage

wird mit Besserungsarbeit bis zu sechs Monaten oder mit Geldstrafe bis zu fünfzig Rubel oder mit öffentlichem Tadel bestraft.

Art. 183

Nötigung eines Zeugen oder des Verletzten zu falschen Aussagen oder eines Sachverständigen zur Erstattung eines falschen Gutachtens oder die Bestechung dieser Personen

Die Nötigung eines Zeugen, des Verletzten oder eines Sachverständigen zur Abgabe falscher Aussagen oder eines falschen Gutachtens in der Hauptverhandlung durch Drohung mit Tötung, mit Gewalt, mit Zerstörung des Vermögens dieser oder ihnen nahestehender Personen sowie die Bestechung eines Zeugen, des Verletzten oder eines Sachverständigen, damit diese falsche Aussagen machen oder ein falsches Gutachten erstatten,

wird mit Freiheitsentziehung bis zu zwei Jahren oder mit Besserungsarbeit bis zu einem Jahr bestraft.

Art. 184

Bekanntmachen der Ergebnisse der Voruntersuchung oder der Ermittlung

Das Bekanntmachen der Ergebnisse der Voruntersuchung oder der Ermittlung ohne Erlaubnis des Staatsanwalts, des Untersuchungsführers oder der die Ermittlung führenden Person, wird mit Freiheitsentziehung bis zu sechs Monaten oder mit Geldstrafe bis zu fünfzig Rubel bestraft.

Art. 185

Unterschlagung, Veräußerung oder Verheimlichung von gepfändeten oder mit Arrest belegten Vermögensgegenständen

Die Unterschlagung, Veräußerung oder Verheimlichung von gepfändeten oder mit Arrest belegten Vermögensgegenständen wird bei Begehung durch eine Person, der dieses Vermögen anvertraut war,

mit Freiheitsentziehung bis zu einem Jahr oder mit Besserungsarbeit für die gleiche Dauer bestraft.

Art. 186

Flucht vom Verbannungsort

Die Flucht vom Verbannungsort oder vom Anreiseweg in die Verbannung

wird mit Freiheitsentziehung bis zu einem Jahr bestraft.

Art. 187

Eigenmächtige Rückkehr des Ausgewiesenen in Orte, an denen ihm der Aufenthalt untersagt ist

Die eigenmächtige Rückkehr des Ausgewiesenen in Orte, an denen ihm der Aufenthalt untersagt ist,

wird mit Ersetzung des noch nicht verbüßten Teils der Ausweisung durch Verbannung bestraft.

Art. 188

Flucht aus einer Freiheitsentzugsanstalt oder aus dem Gewahrsam

Die Flucht einer Person, die eine Strafe verbüßt oder sich in Untersuchungshaft befindet, aus einer Freiheitsentzugsanstalt oder aus dem Gewahrsam

wird mit Freiheitsentziehung bis zu drei Jahren bestraft.

Flucht, die mit Gewalt gegenüber dem Wachpersonal verbunden war,

wird mit Freiheitsentziehung bis zu fünf Jahren bestraft.

Art. 189

Begünstigung eines Verbrechens

Eine vorher nicht versprochene Begünstigung von Verbrechen, die in den Artikeln 102, 103 und 240 Buchstabe c (vorsätzliche Tötung), 117 Absatz 2 und 3 (Notzucht bei erschwerenden Umständen), *93[1] (Entwendung staatlichen oder gesellschaftlichen Vermögens in besonders großem Umfang),* 89 Absatz *2 und* 3 und 144 Absatz *2 und* 3 (Diebstahl *bei erschwerenden Umständen),* 90 Absatz *2 und* 3 und 145 Absatz 2 *und* 3 (Plünderung *bei erschwerenden Umständen*), 91 und 146 (Raub), *92 Absatz 2 und 3 (Entwendung staatlichen oder gesellschaftlichen Vermögens durch Unterschlagung oder durch Mißbrauch der Amtsstellung bei erschwerenden Umständen), 93 Absatz 2 und 3 und 147 Absatz 3 (Betrug bei erschwerenden Umständen), 154 Absatz 2 (Spekulation bei erschwerenden Umständen), 173 Absatz 2, 174 Absatz 2 und 174[1] Absatz 2 (passive, aktive Bestechung und Vermittlung bei einer Bestechung bei erschwerenden Umständen), 191[2] (Angriff auf das Leben eines Angehörigen der Miliz oder der freiwilligen Volkswachten), 211 Absatz 2 (Verletzung der Vorschriften über die Verkehrssicherheit und den Gebrauch von Kraftfahrzeugen [oder von städtischen elektrischen Verkehrsmitteln][14]) bei erschwerenden Umständen), 212 Absatz 2 (Verletzung der Vorschriften über die Sicherheit im Verkehr mit Kraftfahrzeugen durch eine Person, die nicht im Kraftfahrzeugwesen beschäftigt ist, bei erschwerenden Umständen) dieses Gesetzbuchs vorgesehen sind,*

wird mit Freiheitsentziehung bis zu fünf Jahren oder mit Besserungsarbeit bis zu einem Jahr bestraft.

Die gleiche Handlung hinsichtlich von Verbrechen, die in den Artikeln 89 Absatz 1 und 144 Absatz 1 (Diebstahl), 90 Absatz 1 und 145 Absatz 1 (Plünderung), 93 Absatz 1 und 147 Absatz 1 und 2 (Betrug), 106 (fahrlässige Tötung), 152[1] (Zuschreibungen und andere Entstellungen der Rechenschaftslegung über die Planerfüllung), 173 Absatz 1, 174 Absatz 1 und 174[1] Absatz 1 (passive, aktive Bestechung und Vermittlung bei einer Bestechung), 188 (Flucht aus einer Freiheitsentzugsanstalt oder aus dem Gewahrsam) dieses Gesetzbuchs vorgesehen sind,

wird mit Freiheitsentziehung bis zu zwei Jahren oder mit Besserungsarbeit bis zu einem Jahr bestraft.

Art. 190

Nichtanzeige von Verbrechen

Die Nichtanzeige glaubwürdig bekannt gewordener drohender oder ausgeführter Verbrechen, die in den Artikeln 102, 103 und 240 Buchstabe c (vorsätzliche Tötung), 117 Absatz 2 und 3 (Notzucht bei erschwerenden Umständen), 89 Absatz 3 und 144 Absatz 3 (Diebstahl bei erschwerenden Umständen), 90 Absatz 3 und 145 Absatz 3 (Plünderung bei erschwerenden Umständen), 91 und 146 (Raub), *92 Absatz 3 (Entwendung staatlichen oder gesellschaftlichen Vermögens durch Unterschlagung oder durch Mißbrauch der Dienststellung bei erschwerenden Umständen), 93 Absatz 3 und 147 Absatz 3 (Betrug bei erschwerenden Umständen), 93[1] (Entwendung staatlichen oder gesellschaftlichen Vermögens in besonders großem Umfang), 173 Absatz 2, 174 Absatz 2 und 174[1] Absatz 2 (passive, aktive Bestechung und Vermittlung bei einer Bestechung bei erschwerenden Umstän-*

[14]) Zusatz d. Übers.

den), 191² (Angriff auf das Leben eines Angehörigen der Miliz oder der freiwilligen Volkswachten) dieses Gesetzbuchs vorgesehen sind,

wird mit Freiheitsentziehung bis zu drei Jahren oder mit Besserungsarbeit bis zu einem Jahr bestraft.

Neuntes Kapitel
Verbrechen gegen die Verwaltungsordnung

Art. 191
Widerstand gegen einen Vertreter der Staatsgewalt oder einen Vertreter der Öffentlichkeit bei dessen Erfüllung von Pflichten zum Schutze der öffentlichen Ordnung

Der Widerstand gegen einen Vertreter der Staatsgewalt bei Erfüllung der ihm gesetzlich obliegenden Pflichten oder der Widerstand gegen einen Vertreter der Öffentlichkeit bei Erfüllung seiner Pflichten zum Schutze der öffentlichen Ordnung oder die Nötigung dieser Personen zur Vornahme offensichtlich gesetzwidriger Handlungen wird bei Begehung mit Gewalt oder durch Bedrohung mit Gewalt *außer in den in Artikel 191¹ dieses Gesetzbuchs genannten Fällen*

mit Freiheitsentziehung bis zu drei Jahren oder mit Besserungsarbeit bis zu einem Jahr oder mit Geldstrafe bis zu sechzig Rubel bestraft.

Art. 191¹
Widerstand gegen einen Angehörigen der Miliz oder der freiwilligen Volkswachten

Der Widerstand gegen einen Angehörigen der Miliz oder der freiwilligen Volkswachten bei der Erfüllung der diesen Personen obliegenden Pflichten zum Schutze der öffentlichen Ordnung

wird mit Freiheitsentziehung bis zu einem Jahr oder mit Besserungsarbeit für die gleiche Dauer oder mit Geldstrafe bis zu einhundert Rubel bestraft.

Die Begehung der gleichen Handlungen mit Gewalt oder durch Bedrohung mit Gewalt sowie die Nötigung dieser Personen mit Gewalt oder durch Bedrohung mit Gewalt zur Vornahme offensichtlich gesetzwidriger Handlungen

wird mit Freiheitsentziehung von einem bis zu fünf Jahren bestraft.

Art. 191²
Angriff auf das Leben eines Angehörigen der Miliz oder der freiwilligen Volkswachten

Der Angriff auf das Leben eines Angehörigen der Miliz oder der freiwilligen Volkswachten im Zusammenhang mit dessen Dienstausübung oder gesellschaftlicher Tätigkeit zum Schutze der öffentlichen Ordnung

wird mit Freiheitsentziehung von fünf bis zu fünfzehn Jahren, verbunden mit Verbannung von zwei bis zu fünf Jahren oder ohne solche, und bei erschwerenden Umständen mit dem Tode bestraft.

Art. 192

Beleidigung eines Vertreters der Staatsgewalt oder eines Vertreters der Öffentlichkeit bei Erfüllung seiner Pflichten zum Schutze der öffentlichen Ordnung

Die öffentliche Beleidigung eines Vertreters der Staatsgewalt oder eines Vertreters der Öffentlichkeit bei Erfüllung seiner Pflichten zum Schutze der öffentlichen Ordnung wird, wenn die Beleidigung mit der Erfüllung der diesen Personen obliegenden Pflichten im Zusammenhang stand, *außer in den in Artikel 192[1] dieses Gesetzbuchs genannten Fällen*

mit Besserungsarbeit bis zu einem Jahr oder mit Geldstrafe bis zu fünfzig Rubel bestraft oder zieht die Anwendung von Maßnahmen gesellschaftlicher Einwirkung nach sich.

Art. 192[1]

Beleidigung eines Angehörigen der Miliz oder der freiwilligen Volkswachten

Die Beleidigung eines Angehörigen der Miliz oder der freiwilligen Volkswachten im Zusammenhang mit der Erfüllung der diesen Personen obliegenden Pflichten zum Schutze der öffentlichen Ordnung

wird mit Freiheitsentziehung bis zu sechs Monaten oder mit Besserungsarbeit bis zu einem Jahr oder mit Geldstrafe bis zu einhundert Rubel bestraft.

Art. 193

Drohung oder Gewalt gegenüber einer Amtsperson oder einem gesellschaftlichen Funktionär

Die Drohung mit Tötung, mit Zufügung schwerer Körperverletzung oder mit Vermögenszerstörung mittels Brandstiftung gegenüber einer Amtsperson oder einem gesellschaftlichen Funktionär wird, wenn sie mit dem Ziel der Beendigung der Dienst- oder gesellschaftlichen Tätigkeit dieser Personen oder der Veränderung des Charakters ihrer Tätigkeit im Interesse des Drohenden erfolgte,

mit Freiheitsentziehung bis zu acht Monaten oder mit Besserungsarbeit bis zu einem Jahr oder mit öffentlichem Tadel bestraft.

Die Zufügung einer leichten Körperverletzung, die Zufügung von Prügeln oder die Begehung anderer Gewalthandlungen gegenüber einer Amtsperson oder einem gesellschaftlichen Funktionär im Zusammenhang mit dessen Amtstätigkeit oder der Wahrnehmung seiner gesellschaftlichen Pflichten

wird mit Freiheitsentziehung bis zu drei Jahren oder mit Besserungsarbeit bis zu einem Jahr bestraft.

Art. 194
Anmaßung einer Amtsbezeichnung oder der Amtsgewalt

Die Anmaßung einer Amtsbezeichnung oder der Amtsgewalt wird, wenn sie der Begehung sozialgefährlicher Handlungen diente,

mit Freiheitsentziehung bis zu zwei Jahren oder mit Besserungsarbeit bis zu einem Jahr bestraft.

Art. 195
Entwendung oder Beschädigung von Urkunden, Stempeln, Siegeln und Blanketten

Die Entwendung, Vernichtung, Beschädigung oder Verheimlichung von Urkunden, Stempeln, Siegeln und Blanketten, die sich in staatlichen Behörden, Betrieben oder bei gesellschaftlichen Organisationen befinden, wird bei Begehung aus gewinnsüchtigen oder anderen niedrigen Beweggründen

mit Freiheitsentziehung bis zu einem Jahr oder mit Besserungsarbeit für die gleiche Dauer oder mit Geldstrafe bis zu einhundert Rubel bestraft.

Die gleichen Handlungen werden, wenn sie in bezug auf Urkunden, Stempel, Siegel, Blanketten von besonderer Bedeutung begangen wurden oder schwere Folgen verursacht haben,

mit Freiheitsentziehung bis zu fünf Jahren bestraft.

Die Entwendung eines Passes oder anderer wichtiger persönlicher Urkunden der Bürger

wird mit Freiheitsentziehung bis zu acht Monaten oder mit Besserungsarbeit bis zu einem Jahr oder mit Geldstrafe bis zu achtzig Rubel bestraft.

Art. 196
Fälschung, Herstellung oder Absatz gefälschter Urkunden, Stempel, Siegel und Blanketten

Die Fälschung eines Ausweises oder einer anderen von einer staatlichen Behörde, einem Betrieb oder einer gesellschaftlichen Organisation ausgestellten Urkunde, die Rechte verleiht oder von Pflichten befreit, zwecks Ausnutzung der Urkunde durch den Fälscher selbst oder durch eine andere Person oder der Absatz einer solchen Urkunde sowie die Herstellung falscher Stempel, Siegel und Blanketten staatlicher Institutionen, Betriebe oder gesellschaftlicher Organisationen mit demselben Ziel oder ihr Absatz wird mit Freiheitsentziehung bis zu zwei Jahren oder mit Besserungsarbeit bis zu einem Jahr bestraft.

Die gleichen Handlungen werden bei fortgesetzter Begehung mit Freiheitsentziehung bis zu fünf Jahren oder mit Verbannung für die gleiche Dauer bestraft.

Der Gebrauch einer, wie dem Täter bekannt ist, gefälschten Urkunde wird
mit Freiheitsentziehung bis zu einem Jahr oder mit Besserungsarbeit für die gleiche Dauer oder mit Geldstrafe bis zu dreißig Rubel bestraft.

Art. 197

Verletzung der Vorschriften über die Einreise und den Aufenthalt im Grenzstreifen *oder in der Grenzzone*

Die Verletzung der Vorschriften über die Einreise und den Aufenthalt oder die Anmeldung im Grenzstreifen *oder in der Grenzzone* wird, wenn sie nach Auferlegung einer Verwaltungsstrafe wegen einer gleichen Verletzung erfolgte,
mit Freiheitsentziehung bis zu sechs Monaten oder mit Besserungsarbeit für die gleiche Dauer oder mit Geldstrafe bis zu fünfzig Rubel bestraft.

Art. 198

Verletzung der Paßvorschriften

Eine böswillige Verletzung der Paßvorschriften in Orten, in denen besondere Aufenthalts- und Anmeldevorschriften gelten, wird, wenn diese Verletzung den Aufenthalt ohne Paß oder ohne Anmeldung beinhaltete und wenn die betreffende Person deswegen bereits früher zweimal mit einer Verwaltungsstrafe belangt wurde,
mit Freiheitsentziehung bis zu einem Jahr oder mit Besserungsarbeit für die gleiche Dauer oder mit Geldstrafe bis zu fünfzig Rubel bestraft.

Art. 198[1]

Umgehung militärischer Übungen und der Wehrerfassung durch einen Wehrdienstpflichtigen

Entzieht sich ein Wehrdienstpflichtiger den militärischen Übungen,
so wird er mit Besserungsarbeit bis zu einem Jahr oder mit Geldstrafe bis zu dreißig Rubel bestraft.

Bei Begehung mittels Beschädigung des eigenen Körpers (Selbstverstümmelung), Vortäuschung einer Krankheit, Urkundenfälschung oder mittels einer anderen Täuschungshandlung wird die gleiche

Handlung sowie die Weigerung, an militärischen Übungen teilzunehmen,

mit Freiheitsentziehung bis zu einem Jahr bestraft.

Entzieht sich ein Wehrdienstpflichtiger der Wehrerfassung und sind bereits früher wegen einer gleichen Handlung Maßnahmen administrativer Einwirkung gegen ihn angewandt worden,

so wird er mit Besserungsarbeit bis zu drei Monaten oder mit Geldstrafe bis zu zwanzig Rubel bestraft.

Art. 199

Eigenmächtige Besitzergreifung am Boden und eigenmächtiges Bauen

Die eigenmächtige Besitzergreifung oder der eigenmächtige Tausch oder Kauf und Verkauf einer Bodenparzelle oder andere die Gesetze über die Vergesellschaftung des Bodens verletzende Handlungen

werden mit Besserungsarbeit von sechs Monaten bis zu einem Jahr oder mit Geldstrafe bis zu einhundert Rubel bestraft.

Eigenmächtiges Bauen eines Wohnhauses oder die eigenmächtige Errichtung eines Anbaus

wird mit Besserungsarbeit von sechs Monaten bis zu einem Jahr, verbunden mit der Konfiskation des gesetzwidrig errichteten Bauwerkes, bestraft.

Art. 200

Verbotene Selbsthilfe

Verbotene Selbsthilfe, d. h. die eigenmächtige Durchsetzung eines tatsächlichen oder vermeintlichen Rechts unter Verletzung der gesetzlichen Ordnung wird, wenn dadurch Bürgern oder staatlichen oder gesellschaftlichen Organisationen ein beträchtlicher Schaden zugefügt wurde,

mit Besserungsarbeit bis zu sechs Monaten oder mit Geldstrafe bis zu fünfzig Rubel oder mit öffentlichem Tadel bestraft oder zieht die Anwendung von Maßnahmen gesellschaftlicher Einwirkung nach sich.

Art. 201

Verletzung der Gesetze über Eintragungen in das Personenstandsregister

Die Verheimlichung ehehindernder Umstände oder die Angabe falscher Tatsachen gegenüber den Organen des Personenstandsregisters

wird mit Besserungsarbeit bis zu einem Jahr oder mit Geldstrafe bis zu fünfzig Rubel oder mit öffentlichem Tadel bestraft.

Art. 202

Gesetzwidriger Gebrauch der Zeichen des Roten Kreuzes und des Roten Halbmondes

Der gesetzwidrige Gebrauch der Zeichen des Roten Kreuzes und des Roten Halbmondes sowie der Bezeichnung Rotes Kreuz und Roter Halbmond

wird mit Besserungsarbeit bis zu einem Jahr oder mit Geldstrafe bis zu einhundert Rubel oder mit öffentlichem Tadel bestraft.

Art. 203

Gesetzwidriges Hissen der Staatsflagge der UdSSR oder einer Unionsrepublik auf einem Handelsschiff

Das Hissen der Staatsflagge der UdSSR oder einer Unionsrepublik auf einem Handelsschiff ohne ein Recht auf diese Flagge

wird mit Freiheitsentziehung bis zu einem Jahr, verbunden mit der Konfiskation des Schiffes und mit Geldstrafe bis zum vollen Wert des Schiffes oder ohne solche, bestraft.

Art. 204

Unterlassene Hilfeleistung bei einer Schiffskollision oder Verschweigen des Schiffsnamens

Die Unterlassung der gehörigen Maßnahmen durch den Kapitän eines der auf See kollidierten Schiffe zur Rettung des anderen Schiffes wird, wenn diese Maßnahmen ohne ernste Gefahr für die eigenen Passagiere, die Mannschaft und das eigene Schiff getroffen werden konnten, unabhängig von der Verantwortlichkeit für die unterlassene Hilfeleistung gegenüber der Mannschaft und den Passagieren des schiffbrüchigen Schiffes (Artikel 129)

mit Freiheitsentziehung bis zu einem Jahr oder mit Besserungsarbeit für die gleiche Dauer oder mit Geldstrafe bis zu dreihundert Rubel bestraft.

Das Verschweigen des Namens und des Heimathafens seines Schiffes oder dessen Ausgangs- und Bestimmungsortes trotz der Möglichkeit, diese Mitteilungen zu machen, durch den Kapitän des Schiffes gegenüber dem anderen Schiff, das mit ihm auf See kollidiert ist,

wird mit Besserungsarbeit bis zu drei Monaten oder mit Geldstrafe bis zu einhundert Rubel bestraft.

Art. 205

Beschädigung eines Überseekabels

Die fahrlässige Beschädigung eines Überseekabels wird, wenn sie die Unterbrechung der telegrafischen Verbindung verursacht hat oder verursachen konnte,

mit Besserungsarbeit bis zu drei Monaten oder mit Geldstrafe bis zu einhundert Rubel bestraft.

Zehntes Kapitel

Verbrechen gegen die öffentliche Sicherheit, die öffentliche Ordnung und die Volksgesundheit

Art. 206

Hooliganismus

Hooliganismus, d. h. vorsätzliche Handlungen, die die öffentliche Ordnung grob verletzen und eine offensichtliche Mißachtung der Gesellschaft zum Ausdruck bringen,

wird mit Freiheitsentziehung bis zu einem Jahr oder mit Besserungsarbeit für die gleiche Dauer oder mit Geldstrafe bis zu fünfzig Rubel oder mit öffentlichem Tadel bestraft.

Böswilliger Hooliganismus, d. h. die Begehung der gleichen Handlungen durch eine Person, die bereits früher wegen Hooliganismus verurteilt wurde, oder, wenn diese Handlungen mit Widerstand gegen einen Vertreter der Staatsgewalt oder einen Vertreter der Öffentlichkeit, der seine Pflichten zum Schutze der öffentlichen Ordnung wahrnahm, verbunden waren oder aber ihrem Inhalt nach sich durch einen außerordentlichen Zynismus oder durch Frechheit auszeichneten,

wird mit Freiheitsentziehung bis zu fünf Jahren bestraft.

Geringfügiger Hooliganismus, der von einer Person begangen wurde, die innerhalb eines Jahres zweimal mit Maßnahmen gesellschaftlicher oder administrativer Einwirkung wegen geringfügigen Hooliganismus belangt worden ist,

wird mit Besserungsarbeit bis zu einem Jahr oder mit Geldstrafe bis zu fünfzig Rubel bestraft.

Art. 207

Drohung mit Tötung, mit Zufügung schwerer Körperverletzungen oder mit Vermögenszerstörung

Die Drohung mit Tötung, mit Zufügung schwerer Körperverletzungen oder mit Vermögenszerstörung mittels Brandstiftung wird, wenn Gründe bestanden, die Verwirklichung dieser Drohung zu befürchten,

mit Freiheitsentziehung bis zu sechs Monaten oder mit Besserungsarbeit bis zu einem Jahr oder mit öffentlichem Tadel bestraft oder zieht die Anwendung von Maßnahmen gesellschaftlicher Einwirkung nach sich.

Art. 208

Erwerb *oder Veräußerung* von Vermögen, von dem der Täter weiß, daß es auf verbrecherische Weise erlangt wurde

Der *vorher nicht versprochene* Erwerb von Vermögen, von dem der Täter weiß, daß es auf verbrecherische Weise erlangt wurde, wird mit Besserungsarbeit bis zu sechs Monaten oder mit Geldstrafe bis zu einhundert Rubel oder mit öffentlichem Tadel bestraft oder zieht die Anwendung von Maßnahmen gesellschaftlicher Einwirkung nach sich.

Die gleiche Handlung wird bei Begehung in großem Umfang mit Freiheitsentziehung bis zu *zwei Jahren oder mit Besserungsarbeit bis zu einem Jahr bestraft.*

Vorher nicht versprochene Veräußerung oder Aufbewahrung sowie der Erwerb von Vermögen, von dem der Täter weiß, daß es auf verbrecherische Weise erlangt wurde, mit dem Ziel der Veräußerung wird mit Freiheitsentziehung bis zu fünf Jahren oder mit Besserungsarbeit bis zu einem Jahr bestraft.

Handlungen, die in Absatz 3 dieses Artikels vorgesehen sind, werden, wenn sie gewerbsmäßig oder in großem Umfang begangen wurden, mit Freiheitsentziehung bis zu sieben Jahren, verbunden mit Verbannung bis zu fünf Jahren oder ohne solche und mit Vermögenskonfiskation oder ohne solche, bestraft.

Art. 209

Fortgesetzte Landstreicherei oder Bettelei

Fortgesetzte Landstreicherei oder Bettelei, die trotz Verwarnung seitens der Verwaltungsorgane festgesetzt wird,

wird mit Freiheitsentziehung bis zu zwei Jahren oder mit Besserungsarbeit von sechs Monaten bis zu einem Jahr bestraft.

Art. 210

Verleitung Minderjähriger zu verbrecherischer Tätigkeit

Die Verleitung Minderjähriger zu verbrecherischer Tätigkeit, zu Bettelei, zu Prostitution, zu Glücksspiel sowie die Ausnutzung Minderjähriger zum Zwecke einer parasitären Existenz

wird mit Freiheitsentziehung bis zu fünf Jahren bestraft.

Art. 211

Verletzung der Vorschriften über die Verkehrssicherheit und den Gebrauch von Kraftfahrzeugen oder von städtischen elektrischen Verkehrsmitteln

Die Verletzung der Vorschriften über die Verkehrssicherheit und die Benutzung von Verkehrsmitteln durch jemanden, der im Kraftfahrzeugverkehr oder im städtischen Elektroverkehr beschäftigt ist, wird, wenn sie dem Verletzten eine mittelschwere oder eine leichte Körperverletzung oder einen beträchtlichen materiellen Schaden zugefügt hat,

mit Freiheitsentziehung bis zu zwei Jahren oder mit Besserungsarbeit bis zu einem Jahr, verbunden mit dem Entzug des Führerscheins für Verkehrsmittel für die Dauer bis zu zwei

Jahren oder ohne solchen, oder mit Geldstrafe bis zu einhundert Rubel bestraft.

Die gleichen Handlungen werden, wenn sie den Tod des Verletzten oder eine schwere Körperverletzung verursacht haben,

mit Freiheitsentziehung bis zu zehn Jahren, verbunden mit dem Entzug des Führerscheins für die Dauer bis zu drei Jahren oder ohne solchen, bestraft.

Art. 212

Verletzung der Vorschriften über die Sicherheit im Verkehr mit Kraftfahrzeugen durch eine Person, die nicht im Kraftfahrzeugwesen beschäftigt ist

Die Verletzung der Vorschriften über die Sicherheit im Verkehr mit Kraftfahrzeugen durch eine Person, die nicht im Kraftfahrzeugwesen beschäftigt ist, wird, wenn sie jemandem eine mittelschwere oder eine leichte Körperverletzung zugefügt hat,

mit Freiheitsentziehung bis zu zwei Jahren oder mit Besserungsarbeit bis zu einem Jahr, verbunden mit dem Entzug des Führerscheins für Kraftfahrzeuge für die Dauer bis zu zwei Jahren oder ohne solchen, bestraft.

Die gleichen Handlungen werden, wenn sie den Tod des Verletzten oder eine schwere Körperverletzung verursacht haben,

mit Freiheitsentziehung bis zu zehn Jahren, verbunden mit dem Entzug des Führerscheins für Kraftfahrzeuge für die Dauer bis zu drei Jahren oder ohne solchen, bestraft.

Art. 213

Verletzung der Verkehrsvorschriften

Die Verletzung der Verkehrsvorschriften über den Schutz der Ordnung und Sicherheit im Verkehr wird, wenn sie den Tod von Menschen oder andere schwere Folgen verursacht hat,

mit Freiheitsentziehung bis zu fünf Jahren bestraft.

Art. 214

Verletzung der Sicherheitsvorschriften im Bergbau

Die Verletzung der Sicherheitsvorschriften im Bergbau wird, wenn sie der Gesundheit von Menschen Schaden zugefügt hat,

mit Freiheitsentziehung bis zu einem Jahr oder mit Besserungsarbeit für die gleiche Dauer bestraft.

Die Verletzung der Sicherheitsvorschriften im Bergbau wird, wenn sie den Tod von Menschen oder andere schwere Folgen verursacht hat,

mit Freiheitsentziehung bis zu fünf Jahren oder mit Besserungsarbeit bis zu einem Jahr bestraft.

Art. 215

Verletzung der Vorschriften bei Bauarbeiten

Die Verletzung der Bau-, Sanitär- und Feuerschutzvorschriften sowie der Vorschriften über die Benutzung mechanischer Hilfsmittel bei Bauarbeiten wird, wenn sie der Gesundheit von Menschen Schaden zugefügt hat,

mit Freiheitsentziehung bis zu einem Jahr oder mit Besserungsarbeit für die gleiche Dauer bestraft.

Die gleiche Verletzung wird, wenn sie den Tod von Menschen oder andere schwere Folgen verursacht hat,

mit Freiheitsentziehung bis zu fünf Jahren oder mit Besserungsarbeit bis zu einem Jahr bestraft.

Art. 216

Verletzung der Sicherheitsvorschriften in explosionsgefährdeten Betrieben oder in explosionsgefährdeten Schächten

Die Verletzung der produktionstechnischen Ordnung oder der Vorschriften, die die Sicherheit der Produktion in explosionsgefährdeten Betrieben oder in explosionsgefährdeten Schächten garantieren,

wird mit Besserungsarbeit bis zu einem Jahr oder mit Geldstrafe bis zu einhundert Rubel oder mit Amtsenthebung bestraft.

Die gleichen Handlungen werden, wenn sie den Tod von Menschen oder andere schwere Folgen verursacht haben,

mit Freiheitsentziehung bis zu sieben Jahren bestraft.

Art. 217

Verletzung der Vorschriften über die Aufbewahrung, den Gebrauch, die Erfassung oder Beförderung von explosiven und radioaktiven Stoffen

Die Verletzung der Vorschriften über die Aufbewahrung, den Gebrauch, die Erfassung oder Beförderung von explosiven und radioaktiven Stoffen sowie die gesetzwidrige Versendung dieser Stoffe mit der Post oder mit der Gepäckbeförderung wird, wenn diese Handlungen hätten schwere Folgen haben können,

mit Freiheitsentziehung bis zu einem Jahr oder mit Besserungsarbeit für die gleiche Dauer bestraft.

Die gleichen Handlungen werden, wenn sie schwere Folgen verursacht haben,

mit Freiheitsentziehung bis zu sieben Jahren bestraft.

Art. 218
Gesetzwidriges Mitsichführen, Aufbewahren, Herstellen oder gesetzwidriger Absatz von Waffen oder Sprengstoffen

Das Mitsichführen, Aufbewahren, Herstellen oder der Absatz von Feuerwaffen (außer Jagdwaffen mit glattem Lauf), von Munition oder Sprengstoffen ohne die entsprechende Erlaubnis

wird mit Freiheitsentziehung bis zu zwei Jahren oder mit Besserungsarbeit bis zu einem Jahr oder mit Geldstrafe bis zu einhundert Rubel bestraft.

Das Mitsichführen, Herstellen oder der Absatz von Dolchen, finnischen Messern oder anderen blanken Waffen ohne die entsprechende Erlaubnis wird, außer in Gegenden, wo das Tragen von blanken Waffen Zubehör der nationalen Tracht ist oder mit dem Jagdgewerbe verbunden ist,

mit Freiheitsentziehung bis zu einem Jahr oder mit Besserungsarbeit für die gleiche Dauer oder mit Geldstrafe bis zu dreißig Rubel bestraft.

Art. 219
Nachlässige Aufbewahrung von Feuerwaffen

Die nachlässige Aufbewahrung von Feuerwaffen, die einer anderen Person den Gebrauch dieser Waffen ermöglicht hat, wird, wenn dies schwere Folgen verursacht hat,

mit Freiheitsentziehung bis zu einem Jahr oder mit Besserungsarbeit für die gleiche Dauer bestraft.

Art. 220
Gesetzwidriger Versand leicht entzündbarer oder giftiger Stoffe

Der gesetzwidrige Versand leicht entzündbarer oder giftiger Stoffe durch die Post oder mit der Gepäckbeförderung wird, wenn dies schwere Folgen verursacht hat,

mit Freiheitsentziehung bis zu drei Jahren oder mit Besserungsarbeit bis zu einem Jahr bestraft.

Art. 221
Gesetzwidrige Ausübung ärztlicher Tätigkeit

Die berufliche Ausübung ärztlicher Tätigkeit durch eine Person ohne die erforderliche medizinische Ausbildung

wird mit Freiheitsentziehung bis zu einem Jahr oder mit Besserungsarbeit für die gleiche Dauer oder mit Geldstrafe bis zu dreihundert Rubel bestraft oder zieht die Anwendung von Maßnahmen gesellschaftlicher Einwirkung nach sich.

Art. 222

Verletzung der zum Zwecke der Bekämpfung von Epidemien erlassenen Vorschriften

Die Verletzung verbindlicher Vorschriften zur Vermeidung von epidemischen und anderen ansteckenden Krankheiten und zu ihrer Bekämpfung wird, wenn sie die Verbreitung ansteckender Krankheiten verursacht hat,

mit Freiheitsentziehung bis zu einem Jahr oder mit Besserungsarbeit für die gleiche Dauer oder mit Geldstrafe bis zu fünfzig Rubel bestraft.

Art. 223

Verunreinigung der Gewässer und der Luft

Die Verunreinigung von Flüssen, Seen und anderen natürlichen und künstlichen Gewässern und Wasserquellen durch ungereinigte und nicht unschädlich gemachte Abwässer, Abfälle oder Abfallprodukte industrieller und kommunaler Betriebe, die der Gesundheit von Menschen oder der landwirtschaftlichen Produktion oder den Fischbeständen Schaden zufügen kann sowie die Verunreinigung der Luft durch gesundheitsschädliche Abfallstoffe der industriellen Produktion

wird mit Besserungsarbeit bis zu einem Jahr oder mit Geldstrafe bis zu dreihundert Rubel bestraft.

Art. 224

Herstellung oder Absatz von Narkotika *und anderen stark wirkenden Stoffen* und Giften

Die Herstellung, der Absatz sowie die Aufbewahrung mit dem Ziel des Absatzes oder der Erwerb mit dem gleichen Ziel von Narkotika ohne eine besondere Erlaubnis

wird mit Freiheitsentziehung *von einem bis zu zehn Jahren, verbunden mit Vermögenskonfiskation oder ohne solche, bei zwingender Konfiskation der Narkotika* bestraft.

Die Herstellung, der Absatz sowie die Aufbewahrung mit dem Ziel des Absatzes oder der Erwerb mit dem gleichen Ziel stark wirkender Stoffe oder Gifte, die keine Narkotika sind, ohne eine besondere Erlaubnis

wird mit Freiheitsentziehung bis zu zwei Jahren oder mit Besserungsarbeit bis zu einem Jahr, verbunden mit Konfiskation der stark wirkenden Stoffe oder Gifte, bestraft.

Die Verletzung der geltenden Vorschriften über die Herstellung, Aufbewahrung, Auslieferung, Erfassung, Beförderung und Versendung von Narkotika und anderen stark wirkenden Stoffen und Giften

wird mit Freiheitsentziehung bis zu einem Jahr oder mit

Besserungsarbeit für die gleiche Dauer oder mit Geldstrafe bis zu einhundert Rubel bestraft[15]).

Art. 225

Der Anbau von Opiummohn oder indischem Hanf ohne Erlaubnis

Der Anbau von Opiummohn oder indischem Hanf ohne die erforderliche Erlaubnis

wird mit Freiheitsentziehung bis zu zwei Jahren oder mit Besserungsarbeit bis zu einem Jahr, verbunden mit der zwingenden Konfiskation der Aussaat, bestraft.

Art. 226

Unterhalten von Lasterhöhlen und Kuppelei

Dauerndes Zurverfügungstellen von Räumlichkeiten zu Unzuchtzwecken, Kuppelei aus Gewinnsucht sowie das Unterhalten von Rauschgifthöhlen und Spielhöllen

wird mit Freiheitsentziehung bis zu fünf Jahren, verbunden mit Ausweisung oder ohne solche, mit Vermögenskonfiskation oder ohne solche, oder mit Verbannung für die gleiche Dauer, verbunden mit Vermögenskonfiskation oder ohne solche, bestraft.

Art. 227

Angriff auf Person und Rechte von Bürgern unter dem Schein der Ausübung religiöser Kulthandlungen

Die Organisierung oder Leitung einer Gruppe, deren Betätigung unter dem Schein der Predigung religiöser Glaubenslehren *und der Ausübung religiöser Kulthandlungen* erfolgt und mit Schadenszufügung gegenüber der Gesundheit von Bürgern *oder mit anderen Angriffen auf die Person oder die Rechte von Bürgern oder mit deren Verleitung zur Verweigerung der gesellschaftlichen Tätigkeit oder der Erfüllung von Bürgerpflichten* oder aber mit der Einbeziehung Minderjähriger verbunden ist,

wird mit Freiheitsentziehung bis zu fünf Jahren *oder mit* Verbannung *für die gleiche Dauer,* verbunden mit Vermögenskonfiskation oder ohne solche, bestraft.

Die aktive Teilnahme an der Tätigkeit einer in Absatz 1 dieses Artikels bezeichneten Gruppe sowie die fortgesetzte, auf die Begehung der darin genannten Handlungen gerichtete Propaganda

wird mit Freiheitsentziehung bis zu drei Jahren oder mit Verbannung für die gleiche Dauer oder mit Besserungsarbeit bis zu einem Jahr bestraft.

---

[15]) Die Absätze 1 und 3 bildeten ursprünglich einen einheitlichen Tatbestand (Abs. 1 alter Fassung) mit dem Strafmaß des Abs. 3 (d. Übers.).

Anmerkung:

Wenn die Handlungen der in Absatz 2 dieses Artikels genannten Personen und die Personen selbst keine große soziale Gefahr darstellen, können gegen sie Maßnahmen gesellschaftlicher Einwirkung angewandt werden.

Art. 228

Herstellung oder Absatz pornographischer Erzeugnisse

Die Herstellung, Verbreitung oder Propagierung pornographischer Schriften, Druckerzeugnisse, Abbildungen oder sonstiger Erzeugnisse pornographischen Charakters sowie der Handel mit ihnen oder ihre Aufbewahrung mit dem Ziel ihres Verkaufs oder ihrer Verbreitung

wird mit Freiheitsentziehung bis zu drei Jahren oder mit Geldstrafe bis zu einhundert Rubel, verbunden mit der Konfiskation der pornographischen Erzeugnisse und der Mittel zu ihrer Herstellung, bestraft.

Art. 229

Beschimpfung an einer Beisetzungsstätte

Die Beschimpfung an einer Beisetzungsstätte sowie die Entwendung von Gegenständen, die sich in oder auf der Beisetzungsstätte befinden,

wird mit Freiheitsentziehung bis zu drei Jahren oder mit Besserungsarbeit bis zu einem Jahr bestraft.

Art. 230

Vorsätzliche Zerstörung, Beschädigung oder Verunstaltung von Kulturdenkmälern

Die vorsätzliche Zerstörung, Beschädigung oder Verunstaltung von Kulturdenkmälern oder von Naturobjekten, die unter staatlichem Schutz stehen,

wird mit Freiheitsentziehung bis zu zwei Jahren oder mit Besserungsarbeit bis zu einem Jahr oder mit Geldstrafe bis zu einhundert Rubel bestraft.

Elftes Kapitel

Verbrechen, die Überreste von Ortsbräuchen sind

Art. 231

Verweigerung der Versöhnung

Die Weigerung der Verwandten des Getöteten, auf die Ausübung der Blutrache gegenüber dem Mörder und seinen Verwandten in der Weise Verzicht zu leisten, wie das in der Verordnung über das Sühneverfahren in Sachen der Blutrache geregelt ist,

wird mit Verbannung bis zu zwei Jahren oder mit Ausweisung bis zu drei Jahren bestraft.

Art. 232

Zahlung und Annahme eines Lösegeldes für die Braut

Die Annahme eines Lösegeldes für die Braut durch die Eltern, durch Blutsverwandte oder Verschwägerte der Braut in Geld, Vieh oder anderem Vermögen

wird mit Freiheitsentziehung bis zu einem Jahr, verbunden mit der Konfiskation des Lösegeldes, oder mit Besserungsarbeit für die gleiche Dauer, verbunden mit der Konfiskation des Lösegeldes, bestraft.

Die Zahlung des Lösegeldes für die Braut durch den Bräutigam, seine Eltern, Blutsverwandte oder Verschwägerte

wird mit Besserungsarbeit bis zu einem Jahr oder mit öffentlichem Tadel bestraft.

Art. 233

Nötigung einer Frau zur Eheschließung oder Behinderung einer Eheschließung

Die Nötigung einer Frau zur Eheschließung oder zur Fortsetzung einer ehelichen Gemeinschaft oder die Behinderung einer Frau an der Eingehung einer Ehe sowie der Raub einer Frau zum Zwecke der Eheschließung

wird mit Freiheitsentziehung bis zu zwei Jahren bestraft.

Art. 234

Abschluß eines Ehevertrags mit einer noch nicht ehemündigen Person

Der Abschluß eines Ehevertrags nach örtlichem Brauch mit einer noch nicht ehemündigen Person

wird mit Freiheitsentziehung bis zu zwei Jahren oder mit Besserungsarbeit bis zu einem Jahr bestraft.

Die Begehung einer Notzucht hierbei oder die Aufnahme von geschlechtlichen Beziehungen zu einer Person, die die Geschlechtsreife noch nicht erreicht hat,

zieht Verantwortlichkeit nach den entsprechenden Artikeln dieses Strafgesetzbuchs nach sich.

Art. 235

Doppelehe oder Vielehe

Die Doppelehe oder die Vielehe, d. h. das Zusammenleben mit zwei oder mehreren Frauen bei gemeinsamer Haushaltsführung,

wird mit Freiheitsentziehung bis zu einem Jahr oder mit Besserungsarbeit für die gleiche Dauer bestraft.

Art. 236
Geltungsbereich des elften Kapitels dieses Strafgesetzbuchs

Die Geltung dieses Kapitels erstreckt sich auf diejenigen autonomen Republiken, autonomen Gebiete und diejenigen Ortschaften der RSFSR, in denen die in diesem Kapitel aufgezählten sozialgefährlichen Handlungen Überreste von Ortsbräuchen sind.

Zwölftes Kapitel
Militärverbrechen

Art. 237
Begriff des Militärverbrechens

Als Militärverbrechen gelten die in diesem Gesetzbuch vorgesehenen Verbrechen gegen die geltende Militärdienstordnung, die von Militärpersonen sowie von Wehrdienstpflichtigen während ihrer Teilnahme an Übungen begangen werden.

Gemäß den entsprechenden Artikeln dieses Gesetzbuchs sind für Verbrechen gegen die für sie geltende Dienstordnung Angehörige der Organe des Staatssicherheitsdienstes in Offiziers-, Unteroffiziers- und Mannschaftsrang sowie solche Personen verantwortlich, hinsichtlich derer die Gesetzgebung der UdSSR besondere Hinweise enthält.

Die Teilnahme von Personen, die in diesem Artikel nicht genannt sind, an Militärverbrechen begründet die Verantwortlichkeit gemäß den entsprechenden Artikeln dieses Gesetzbuchs.

Art. 238
Gehorsamsverweigerung

a) Gehorsamsverweigerung, d. h. die offene Weigerung, den Befehl eines Vorgesetzten auszuführen, sowie sonstiges vorsätzliches Nichtausführen eines Befehls

wird mit Freiheitsentziehung von einem bis zu fünf Jahren bestraft.

b) Die gleiche Handlung wird, wenn sie von einer Gruppe von Personen begangen wurde oder schwere Folgen verursacht hat,

mit Freiheitsentziehung von drei bis zu zehn Jahren bestraft.

c) Gehorsamsverweigerung, die in Kriegszeiten oder im Verlauf von Kampfhandlungen begangen wurde,

wird mit dem Tode oder mit Freiheitsentziehung von fünf bis zu zehn Jahren bestraft.

Art. 239
Nichtbefolgung eines Befehls

a) Die Nichtbefolgung des Befehls eines Vorgesetzten wird bei Fehlen der in Artikel 238 Buchstabe a) dieses Gesetzbuchs genannten Merkmale mit Freiheitsentziehung von drei Monaten bis zu drei Jahren bestraft.

b) Die gleiche Handlung hat bei Vorliegen mildernder Umstände die Anwendung der Vorschriften der Disziplinarordnung der Streitkräfte der UdSSR zur Folge.

c) Eine Handlung, die in Buchstabe a) dieses Artikels vorgesehen ist, wird, wenn sie in Kriegszeiten oder im Verlauf von Kampfhandlungen begangen wurde,

mit Freiheitsentziehung von drei bis zu zehn Jahren bestraft.

Art. 240

Widerstand gegen einen Vorgesetzten oder dessen Nötigung zur Verletzung von Dienstpflichten

a) Der Widerstand gegen einen Vorgesetzten sowie gegen eine andere Person, welche die ihr obliegenden militärischen Dienstpflichten erfüllt, oder deren Nötigung zur Verletzung dieser Pflichten

wird mit Freiheitsentziehung von einem bis zu fünf Jahren bestraft.

b) Die gleichen Handlungen werden, wenn sie von einer Gruppe von Personen oder unter Anwendung von Waffen begangen wurden oder schwere Folgen verursacht haben,

mit Freiheitsentziehung von drei bis zu zehn Jahren bestraft.

c) Die in Buchstabe b) dieses Artikels vorgesehenen Handlungen werden, wenn sie von der vorsätzlichen Tötung eines Vorgesetzten oder einer anderen Person, die militärische Dienstpflichten erfüllte, begleitet waren oder in Kriegszeiten oder im Verlauf von Kampfhandlungen begangen wurden,

mit dem Tode oder mit Freiheitsentziehung von fünf bis zu fünfzehn Jahren bestraft.

Art. 241

Bedrohung eines Vorgesetzten

a) Die Bedrohung eines Vorgesetzten mit Tötung, Körperverletzung oder Schlägen im Zusammenhang mit der Erfüllung seiner militärischen Dienstpflichten

wird mit Freiheitsentziehung von drei Monaten bis zu drei Jahren bestraft.

b) Die gleiche Handlung hat bei mildernden Umständen die Anwendung der Disziplinarordnung der Streitkräfte der UdSSR zur Folge.

c) Eine Handlung, die in Buchstabe a) dieses Artikels vorgesehen ist, wird, wenn sie in Kriegszeiten oder im Verlauf von Kampfhandlungen begangen wurde,

mit Freiheitsentziehung von drei bis zu zehn Jahren bestraft.

Art. 242
Gewalt gegen einen Vorgesetzten

a) Das Zufügen von Körperverletzungen oder Schlägen gegenüber einem Vorgesetzten im Zusammenhang mit der Erfüllung seiner militärischen Dienstpflichten

wird mit Freiheitsentziehung von zwei bis zu zehn Jahren bestraft.

b) Die gleichen Handlungen werden, wenn sie in Kriegszeiten oder im Verlauf von Kampfhandlungen begangen wurden und wenn sie schwere Folgen verursacht haben,

mit dem Tode oder mit Freiheitsentziehung von fünf bis zu fünfzehn Jahren bestraft.

Art. 243
Beleidigung eines Vorgesetzten durch einen Untergebenen und eines Untergebenen durch einen Vorgesetzten

a) Die durch Worte oder durch eine nicht gewalttätige Handlung verübte Beleidigung eines Vorgesetzten durch einen Untergebenen oder eines Ranghöheren durch einen Rangniederen sowie eines Untergebenen durch einen Vorgesetzten oder eines Rangniederen durch einen Ranghöheren wird, sofern wenigstens einer von ihnen militärische Dienstpflichten erfüllte,

mit Freiheitsentziehung von drei bis zu sechs Monaten bestraft.

b) Die Handlungen haben bei Vorliegen mildernder Umstände die Anwendung der Disziplinarordnung der Streitkräfte der UdSSR zur Folge.

c) Die Beleidigung durch eine gewalttätige Handlung wird bei Vorliegen der in Buchstabe a) dieses Artikels genannten Umstände

mit Freiheitsentziehung von sechs Monaten bis zu fünf Jahren bestraft.

Art. 244
Beleidigung einer Militärperson durch eine andere mittels gewalttätiger Handlung bei Nichtbestehen eines Unterordnungsverhältnisses oder eines Rangunterschieds zwischen ihnen

a) Die Beleidigung einer Militärperson durch eine andere mittels gewalttätiger Handlung wird, wenn zwischen ihnen kein Unterordnungsverhältnis oder Rangunterschied besteht und wenn wenigstens eine von ihnen zur Zeit der Tat militärische Dienstpflichten erfüllte,

mit Freiheitsentziehung von drei Monaten bis zu einem Jahr bestraft.

b) Die gleiche Handlung hat bei Vorliegen mildernder Umstände die Anwendung der Vorschriften der Disziplinarordnung der Streitkräfte der UdSSR zur Folge.

Art. 245
Eigenmächtige Entfernung von der Truppe

a) Die eigenmächtige Entfernung einer wehrpflichtigen Militärperson von der Truppe oder dem Ort der Dienstausübung oder ihr nicht rechtzeitiges Erscheinen zum Dienst ohne triftigen Grund nach Beurlaubung vom Truppenteil, einem Einsatz, einer Versetzung, einer Kommandierung, aus dem Urlaub oder aus einer Heilanstalt wird, wenn die Frist um mehr als 24 Stunden, aber um nicht mehr als drei Tage oder, obwohl um weniger als 24 Stunden, aber innerhalb von drei Monaten wiederholt überschritten wurde,

mit Abkommandierung in ein Strafbataillon für die Dauer von drei Monaten bis zu zwei Jahren bestraft.

b) Die gleichen Handlungen werden, wenn sie in Kriegszeiten begangen wurden,

mit Freiheitsentziehung von zwei bis zu zehn Jahren bestraft.

c) Handlungen, die in Buchstabe a) dieses Artikels vorgesehen sind, werden, wenn sie von einer Militärperson begangen wurden, die im Strafbataillon eine Strafe verbüßt,

mit Freiheitsentziehung von einem bis zu drei Jahren bestraft.

Art. 246
Eigenmächtiges Verlassen der Truppe oder des Ortes der Dienstausübung

a) Das eigenmächtige Verlassen der Truppe oder des Ortes der Dienstausübung durch eine wehrdienstpflichtige Militärperson sowie ihr nicht rechtzeitiges Erscheinen zum Dienst ohne triftigen Grund nach Beurlaubung vom Truppenteil, einem Einsatz, einer Versetzung, einer Kommandierung, aus dem Urlaub oder aus einer Heilanstalt wird, wenn es sich um eine Überschreitung von mehr als drei Tagen handelte,

mit Freiheitsentziehung von einem bis zu fünf Jahren bestraft.

b) Die gleichen Handlungen werden, wenn sie in Kriegszeiten begangen wurden,

mit Freiheitsentziehung von fünf bis zu zehn Jahren bestraft.

c) Eigenmächtiges Verlassen der Truppe oder des Ortes der Dienstausübung durch eine Militärperson in Offiziersrang oder eine längerdienende Militärperson, sowie deren nicht rechtzeitiges Erscheinen zum Dienst ohne triftigen Grund wird, wenn es länger als zehn Tage dauerte,

mit Freiheitsentziehung von einem bis zu fünf Jahren bestraft.

d) Handlungen, die in Buchstabe c) dieses Artikels vorgesehen sind und die in Kriegszeiten begangen wurden, werden, wenn die eigenmächtige Abwesenheit länger als einen Tag dauerte,

mit Freiheitsentziehung von fünf bis zu zehn Jahren bestraft.

Art. 247

Fahnenflucht

a) Fahnenflucht, d. h. das Verlassen der Truppe oder des Ortes der Dienstausübung mit dem Ziel, sich dem Militärdienst zu entziehen, sowie das Nichterscheinen zum Dienst mit demselben Ziel nach einem Einsatz, einer Versetzung, einer Kommandierung, aus dem Urlaub oder aus einer Heilanstalt wird, wenn sie von einer wehrpflichtigen Militärperson begangen wurde,

mit Freiheitsentziehung von drei bis zu sieben Jahren bestraft.

b) Die gleichen Handlungen werden, wenn sie in Kriegszeiten begangen wurden,

mit dem Tode oder mit Freiheitsentziehung von fünf bis zu zehn Jahren bestraft.

c) Fahnenflucht, die von einer Person in Offiziersrang oder von einer längerdienenden Militärperson begangen wurde,

wird mit Freiheitsentziehung von fünf bis zu sieben Jahren bestraft.

d) Die gleiche Handlung wird, wenn sie in Kriegszeiten begangen wurde,

mit dem Tode oder mit Freiheitsentziehung von sieben bis zu zehn Jahren bestraft.

Art. 248

Eigenmächtiges Verlassen der Truppe im Verlauf von Kampfhandlungen

Das eigenmächtige Verlassen der Truppe oder des Einsatzortes im Verlauf von Kampfhandlungen wird unabhängig von der Dauer der Abwesenheit

mit dem Tode oder mit Freiheitsentziehung von drei bis zu zehn Jahren bestraft.

Art. 249

Umgehung des Militärdienstes mittels Selbstverstümmelung oder auf andere Weise

a) Entzieht sich eine Militärperson der Erfüllung des Militärdienstes in der Weise, daß sie sich einen körperlichen Schaden zufügt (Selbstverstümmelung) oder entzieht sie sich mittels Vortäuschung einer Krankheit, Urkundenfälschung oder einer anderen Täuschungshandlung oder weigert sie sich, militärische Dienstpflichten zu erfüllen,

so wird sie mit Freiheitsentziehung von drei bis zu sieben Jahren bestraft.

b) Die gleichen Handlungen werden, wenn sie in Kriegszeiten oder im Verlauf von Kampfhandlungen begangen wurden,

mit dem Tode oder mit Freiheitsentziehung von fünf bis zu zehn Jahren bestraft.

Art. 250
Vergeudung oder Verlust von Militärgut

a) Die Veräußerung, Verpfändung oder Gebrauchsüberlassung durch eine wehrpflichtige Militärperson von Uniform- und Ausrüstungsstücken, die ihr zum persönlichen Gebrauch ausgegeben wurden (Vergeudung), sowie der Verlust oder die Beschädigung dieser Gegenstände infolge einer Verletzung der Vorschriften über ihre Aufbewahrung

werden mit Abkommandierung in ein Strafbataillon für die Dauer von drei Monaten bis zu einem Jahr bestraft.

b) Die gleichen Handlungen haben bei Vorliegen mildernder Umstände die Anwendung der Vorschriften der Disziplinarordnung der Streitkräfte der UdSSR zur Folge.

c) Die in Buchstabe a) dieses Artikels vorgesehenen Handlungen werden, wenn sie in Kriegszeiten oder im Verlauf von Kampfhandlungen begangen wurden,

mit Freiheitsentziehung von einem bis zu fünf Jahren bestraft.

d) Der Verlust oder die Beschädigung der zum Dienstgebrauch anvertrauten Waffen, Munition, Transportmittel, technischen Ausrüstungsgegenstände oder sonstigen Militärgutes infolge Verletzung der Vorschriften über ihre Aufbewahrung

wird mit Freiheitsentziehung von einem bis zu drei Jahren bestraft.

e) Die in Buchstabe d) dieses Artikels vorgesehenen Handlungen werden, wenn sie in Kriegszeiten oder im Verlauf von Kampfhandlungen begangen wurden,

mit Freiheitsentziehung von zwei bis zu sieben Jahren bestraft.

Art. 251
Vorsätzliche Vernichtung oder Beschädigung von Militärgut

a) Die vorsätzliche Vernichtung oder Beschädigung von Waffen, Munition, Transportmitteln, kriegstechnischem Gerät oder sonstigem Militärgut wird bei Fehlen der Merkmale eines besonders gefährlichen Staatsverbrechens

mit Freiheitsentziehung von einem bis zu fünf Jahren bestraft.

b) Die gleiche Handlung wird, wenn sie schwere Folgen verursacht hat,

mit Freiheitsentziehung von drei bis zu zehn Jahren bestraft.

c) Eine in Buchstabe b) dieses Artikels vorgesehene Handlung wird, wenn sie in Kriegszeiten oder im Verlauf von Kampfhandlungen begangen wurde,

mit Freiheitsentziehung von fünf bis zu zehn Jahren oder mit dem Tode bestraft.

Art. 252

Verletzung der Vorschriften über das Steuern und den Betrieb von Fahrzeugen

Eine Verletzung der Vorschriften über das Steuern und den Betrieb von Kampfwagen, Spezial- oder Transportfahrzeugen wird, wenn dadurch Unfälle mit Personenschaden oder andere schwere Folgen verursacht wurden,

mit Freiheitsentziehung von zwei bis zu zehn Jahren bestraft.

Art. 253

Verletzung der Vorschriften über Flüge und deren Vorbereitung

Eine Verletzung der Vorschriften über Flüge oder deren Vorbereitung wird, wenn sie eine Katastrophe oder andere schwere Folgen verursacht hat,

mit Freiheitsentziehung von drei bis zu zehn Jahren bestraft.

Art. 254

Verletzung der Navigationsvorschriften

Eine Verletzung der Navigationsvorschriften, die den Verlust oder schwere Schäden eines Schiffes, Menschenopfer oder andere schwere Folgen verursacht hat,

wird mit Freiheitsentziehung von drei bis zu zehn Jahren bestraft.

Art. 255

Verletzung der Dienstvorschriften über den Wachdienst

a) Eine Verletzung der Dienstvorschriften über den Wach- (Schiffswach-) oder Geleitdienst und der in Ausführung dieser Bestimmungen erteilten Befehle und Anordnungen

wird mit Freiheitsentziehung von drei bis zu sechs Monaten bestraft.

b) Die gleiche Handlung hat bei Vorliegen mildernder Umstände die Anwendung der Bestimmungen der Disziplinarordnung der Streitkräfte der UdSSR zur Folge.

c) Eine Verletzung der Dienstvorschriften über den Wachdienst (Schiffswachdienst) wird, wenn sie bei der Bewachung von Waffen- und Munitionsdepots sowie bei anderen Wachen und Posten zum Schutze von Objekten von besonderer staatlicher und militärischer Bedeutung begangen wurde, mit Freiheitsentziehung von sechs Monaten bis zu drei Jahren bestraft.

d) Eine in Buchstabe c) dieses Artikels vorgesehene Handlung wird, wenn sie in Kriegszeiten oder im Verlauf von Kampfhandlungen begangen wurde,

mit Freiheitsentziehung von zwei bis zu sieben Jahren bestraft.

e) Die Verletzung von Dienstvorschriften über den Wach- (Schiffswach-) oder Geleitdienst wird, wenn sie den Eintritt schädlicher Folgen verursacht hat, zu deren Abwendung die betreffende Wache oder Eskorte bestimmt war,

mit Freiheitsentziehung von einem bis zu zehn Jahren bestraft.

f) Eine in Buchstabe e) vorgesehene Handlung wird, wenn sie in Kriegszeiten oder im Verlauf von Kampfhandlungen begangen wurde,

mit Freiheitsentziehung von drei bis zu zehn Jahren oder mit dem Tode bestraft.

Art. 256
Verletzung der Vorschriften über den Grenzschutzdienst

a) Eine Verletzung der Vorschriften über den Grenzschutzdienst durch einen Angehörigen der Abteilung zum Schutze der Staatsgrenze der UdSSR

wird mit Freiheitsentziehung von einem bis zu drei Jahren bestraft.

b) Die gleiche Handlung hat bei Vorliegen mildernder Umstände die Anwendung der Bestimmungen der Disziplinarordnung der Streitkräfte der UdSSR zur Folge.

c) Eine in Buchstabe a) dieses Artikels vorgesehene Handlung wird, wenn sie schwere Folgen verursacht hat,

mit Freiheitsentziehung von drei bis zu zehn Jahren bestraft.

Art. 257
Verletzung der Dienstvorschriften auf Funkposten und in Bereitschaftsabteilungen

a) Eine Verletzung der Vorschriften über den Dienst in Bereitschaftsabteilungen, auf Funkposten und in anderen Stationen, die zur Abwendung von Verletzungen des Luftraumes oder der Hoheitsgewässer der UdSSR bestimmt sind,

wird mit Freiheitsentziehung von einem bis zu fünf Jahren bestraft.

b) Die gleiche Handlung hat bei Vorliegen mildernder Umstände die Anwendung der Bestimmungen der Disziplinarordnung der Streitkräfte der UdSSR zur Folge.

c) Eine in Buchstabe a) dieses Artikels vorgesehene Handlung wird, wenn sie schwere Folgen verursacht hat,

mit Freiheitsentziehung von drei bis zu zehn Jahren bestraft.

d) Handlungen, die in Buchstaben a) und c) dieses Artikels vorgesehen sind, werden, wenn sie in Kriegszeiten begangen wurden,

mit dem Tode oder mit Freiheitsentziehung von fünf bis zu fünfzehn Jahren bestraft.

Art. 258
Verletzung der Dienstvorschriften über den Innendienst

a) Eine Verletzung der Dienstvorschriften über den Innendienst durch eine Person, die zum Tagesdienst (abgesehen vom Wach- und Schiffswachdienst) kommandiert ist,

wird mit Freiheitsentziehung von drei bis zu sechs Monaten bestraft.

b) Die gleiche Handlung hat bei Vorliegen mildernder Umstände die Anwendung der Bestimmungen der Disziplinarordnung der Streitkräfte der UdSSR zur Folge.

c) Eine in Buchstabe a) dieses Artikels vorgesehene Handlung wird, wenn sie schädliche Folgen verursacht hat, deren Abwendung zu den Pflichten der betreffenden Person gehörte,

mit Freiheitsentziehung von sechs Monaten bis zu zwei Jahren bestraft.

d) Eine in Buchstabe c) dieses Artikels vorgesehene Handlung wird, wenn sie in Kriegszeiten oder im Verlauf von Kampfhandlungen begangen wurde,

mit Freiheitsentziehung von einem bis zu fünf Jahren bestraft.

Art. 259
Verletzung militärischer Geheimnisse oder Verlust von Urkunden, die militärische Geheimnisse enthalten

a) Das Bekanntmachen von Nachrichten militärischen Charakters, die Staatsgeheimnisse sind, wird bei Fehlen der Merkmale des Vaterlandsverrates

mit Freiheitsentziehung von zwei bis zu fünf Jahren bestraft.

b) Der Verlust von Urkunden, die Nachrichten militärischen Charakters enthalten, die Staatsgeheimnisse sind, oder von Gegenständen, deren Kenntnis ein Staatsgeheimnis ist, durch eine Person, der diese Urkunden oder Gegenstände anvertraut waren, wird, wenn der Verlust die Folge einer Verletzung geltender Vorschriften über den Umgang mit den genannten Urkunden oder Gegenständen war,

mit Freiheitsentziehung von einem bis zu drei Jahren bestraft.

c) Handlungen, die in den Buchstaben a) und b) dieses Artikels

vorgesehen sind, werden, wenn sie schwere Folgen verursacht haben,
mit Freiheitsentziehung von fünf bis zu zehn Jahren bestraft.

d) Das Bekanntmachen von militärischen Nachrichten, die, ohne Staatsgeheimnisse zu sein, nicht zur Veröffentlichung bestimmt sind,
wird mit Freiheitsentziehung von drei Monaten bis zu einem Jahr bestraft.

e) Eine in Buchstabe d) dieses Artikels vorgesehene Handlung hat bei Vorliegen mildernder Umstände die Anwendung der Bestimmungen der Disziplinarverordnung der Streitkräfte der UdSSR zur Folge.

Art. 260
Mißbrauch der Amtsgewalt, Überschreitung der Amtsgewalt und Pflichtvergessenheit im Dienst

a) Der Mißbrauch der Amtsgewalt oder der Dienststellung, Amtsuntätigkeit oder Überschreitung der Amtsgewalt sowie Pflichtvergessenheit im Dienst werden, wenn diese Handlungen von einem Vorgesetzten oder einer Amtsperson fortgesetzt oder aus eigennützigen Beweggründen oder infolge einer anderen persönlichen Interessiertheit begangen wurden und ebenso, wenn sie beträchtlichen Schaden verursacht haben,
mit Freiheitsentziehung von sechs Monaten bis zu zehn Jahren bestraft.

b) Die gleichen Handlungen haben bei Vorliegen mildernder Umstände die Anwendung der Bestimmungen der Disziplinarordnung der Streitkräfte der UdSSR zur Folge.

c) Die in Buchstabe a) dieses Artikels vorgesehenen Handlungen werden, wenn sie in Kriegszeiten oder im Verlauf von Kampfhandlungen begangen wurden,
mit Freiheitsentziehung von drei bis zu zehn Jahren oder mit dem Tode bestraft.

Art. 261
Übergabe an den Feind oder Verlassen von Mitteln der Kriegsführung vor dem Feind

Die Übergabe der einem Befehlshaber anvertrauten Streitkräfte an den Feind sowie ein durch die Kampflage nicht gebotenes Verlassen von Befestigungen, Kriegsgerät und sonstigen Mitteln der Kriegsführung vor dem Feind wird, wenn die genannten Handlungen nicht mit dem Ziel einer Unterstützung des Feindes begangen wurden,
mit Freiheitsentziehung von drei bis zu zehn Jahren oder mit dem Tode bestraft.

Art. 262

Verlassen eines sinkenden Kriegsschiffes

a) Das Verlassen eines sinkenden Kriegsschiffes durch einen Kommandanten, bevor er seine Dienstpflichten bis zum Ende erfüllt hat, sowie durch eine andere Person des Schiffskommandos ohne den dafür erforderlichen Befehl des Kommandanten

wird mit Freiheitsentziehung von fünf bis zu zehn Jahren bestraft.

b) Die gleiche Handlung wird, wenn sie in Kriegszeiten oder im Verlauf von Kampfhandlungen begangen wurde,

mit dem Tode oder mit Freiheitsentziehung von zehn bis zu fünfzehn Jahren bestraft.

Art. 263

Eigenmächtiges Verlassen des Schlachtfeldes oder Verweigerung des Waffengebrauchs

Das eigenmächtige Verlassen des Schlachtfeldes während der Kampfhandlungen oder die Weigerung, während der Kampfhandlungen Waffen zu gebrauchen,

wird mit dem Tode oder mit Freiheitsentziehung für die Dauer von fünfzehn Jahren bestraft.

Art. 264

Freiwilliges Sichgefangengeben

Das freiwillige Sichgefangengeben aus Feigheit oder Kleinmut

wird mit dem Tode oder mit Freiheitsentziehung für die Dauer von fünfzehn Jahren bestraft.

Art. 265

Verbrecherische Handlungen einer Militärperson, die sich in Gefangenschaft befindet

a) Die freiwillige Teilnahme einer Militärperson, die sich in Gefangenschaft befindet, an Arbeiten, die militärische Bedeutung haben, oder an anderen Maßnahmen, die, wie diese Person erkennt, der Sowjetunion oder den mit ihr verbündeten Staaten Schaden zufügen können, wird bei Fehlen der Merkmale des Vaterlandsverrats

mit Freiheitsentziehung von drei bis zu zehn Jahren bestraft.

b) Gewalt gegen andere Kriegsgefangene oder deren grausame Behandlung durch einen Kriegsgefangenen, der die Stellung eines Ranghöheren hat,

wird mit Freiheitsentziehung von drei bis zu zehn Jahren bestraft.

c) Begeht eine Militärperson, die sich in Gefangenschaft befindet, Handlungen zum Schaden anderer Kriegsgefangener aus eigennützigen Beweggründen oder mit dem Ziel, sich eines wohlwollenden Verhaltens des Feindes zu versichern,

so wird sie mit Freiheitsentziehung von einem bis zu drei Jahren bestraft.

Art. 266

Marodieren

Die Entwendung von Sachen auf dem Schlachtfeld, die sich an Gefallenen oder Verwundeten befinden (**Marodieren**),

wird mit Freiheitsentziehung von drei bis zu zehn Jahren oder mit dem Tode bestraft.

Art. 267

Gewalt gegen die Bevölkerung im Gebiet der Kriegshandlungen

Raub, rechtswidrige Zerstörung von Vermögenswerten, Gewalt sowie rechtswidrige Wegnahme von Vermögensgegenständen unter dem Vorwand militärischer Erforderlichkeit werden, wenn diese Handlungen gegen die Bevölkerung im Gebiet der Kriegshandlungen gerichtet waren,

mit Freiheitsentziehung von drei bis zu zehn Jahren oder mit dem Tode bestraft.

Art. 268

Schlechte Behandlung von Kriegsgefangenen

a) Wiederholte oder mit besonderer Grausamkeit verbundene schlechte Behandlung von Kriegsgefangenen oder schlechte Behandlung von Kranken und Verwundeten sowie Nachlässigkeit in der Pflichterfüllung gegenüber Kranken und Verwundeten seitens Personen, denen ihre Heilung und Pflege obliegt, wird bei Fehlen der Merkmale eines schweren Verbrechens

mit Freiheitsentziehung von einem bis zu drei Jahren bestraft.

b) Schlechte Behandlung von Kriegsgefangenen ohne die genannten erschwerenden Umstände hat die Anwendung der Bestimmungen der Disziplinarordnung der Streitkräfte der UdSSR zur Folge.

Art. 269

Gesetzwidriges Tragen der Zeichen des Roten Kreuzes und des Roten Halbmondes und deren Mißbrauch

Das Tragen der Zeichen des Roten Kreuzes und des Roten Halbmondes im Gebiet der Kriegshandlungen durch Personen, die dazu nicht befugt sind, sowie der Mißbrauch von Flaggen oder Zeichen des Roten Kreuzes und des Roten Halbmondes oder des den Sanitätstransportmitteln für die Evakuierung vorbehaltenen Farbanstrichs in Kriegszeiten

wird mit Freiheitsentziehung von drei Monaten bis zu einem Jahr bestraft.

ANHANG

Verzeichnis desjenigen Vermögens, das der Konfiskation aufgrund eines gerichtlichen Strafurteils nicht unterliegt

Der Konfiskation unterliegen nicht folgende Arten des Vermögens und Gegenstände, die sich im persönlichen Eigentum des Verurteilten befinden oder seinen Anteil am gemeinschaftlichen Eigentum bilden und die für den Verurteilten und für Personen, denen er Unterhalt gewährt, unerläßlich sind:

1. Das Wohnhaus mit den Wirtschaftsgebäuden oder einzelne Teile des Hauses bei Personen, deren Hauptbeschäftigung die Landwirtschaft ist, wenn der Verurteilte und seine Familie dauernd darin wohnen.

2. Bei Personen, deren Hauptbeschäftigung die Landwirtschaft ist, die einzige Kuh, wenn keine vorhanden ist, die einzige Färse; in Wirtschaften, die weder eine Kuh noch eine Färse haben, die einzige Ziege, das Schaf oder Schwein; bei Kolchosbauern außerdem Schafe, Ziegen und Schweine bis zur halben Norm, die durch das Statut des landwirtschaftlichen Artels für den Kolchosbauernhof bestimmt ist, sowie das Geflügel.

   Der Bestand an Mutter- und Jungrentieren sowie Zugrentiere bis zu fünfundzwangzig Stück pro Wirtschaft in den Taiga- und Tundragebieten des Hohen Nordens.

3. Futter für das Vieh (wenn das Vieh der Konfiskation nicht unterliegt), soviel bis zur Ernte neuen Futters oder bis zur Austreibung auf die Weiden erforderlich ist.

4. Bei Personen, deren Hauptbeschäftigung die Landwirtschaft ist, Saatgut, das für die nächstfolgende Aussaat erforderlich ist.

5. Haushaltsgegenstände, Gerät und Kleidungsstücke, die für den Verurteilten und für Personen, denen er Unterhalt gewährt, unerläßlich sind:

   a) Kleidung für jede Person: ein Sommer- oder Herbstmantel, ein Wintermantel oder Schafspelz, ein Winteranzug (für die Frauen zwei Winterkleider), ein Sommeranzug (für die Frauen zwei Sommerkleider), je eine Kopfbedeckung für jede Jahreszeit, für die Frauen außerdem zwei Sommertücher und ein warmes Tuch (oder Schal), andere Kleidung und Kopfbedekkung, die schon lange in Gebrauch ist und keinen Wert darstellt;

b) Schuhe, Wäsche, Bettzubehör, Küchen- und Tischgerät, soweit sie sich in Gebrauch befinden (außer Gegenständen, die aus kostbarem Material hergestellt sind, sowie Gegenständen, die einen künstlerischen Wert haben);

c) Möbel: je ein Bett und Stuhl für jede Person, ein Tisch, ein Schrank und eine Truhe pro Familie;

d) alle Kindersachen.

6. Nahrungsmittel in dem für den Verurteilten und seine Familie bis zur neuen Ernte erforderlichen Maß, wenn die Hauptbeschäftigung des Verurteilten die Landwirtschaft ist. In den übrigen Fällen Nahrungsmittel und Geld im Gesamtwert eines Monatsgehalts des Verurteilten, jedoch nicht weniger als einhundert Rubel.

7. Heizmaterial, das für die Bereitung der Nahrung und die Beheizung des Wohnraumes der Familie während der Heizperiode erforderlich ist.

8. Inventar (einschließlich der Lernmittel und Bücher), das für die Fortsetzung der Berufstätigkeit des Verurteilten erforderlich ist mit Ausnahme der Fälle, in denen dem Verurteilten durch das gerichtliche Strafurteil das Recht aberkannt worden ist, die entsprechende Tätigkeit auszuüben, oder in denen das Inventar von ihm für die gesetzwidrige Ausübung eines Gewerbes benutzt wurde.

9. Genossenschaftsanteile, wenn der Verurteilte aus dem Mitgliederbestand der Genossenschaft nicht ausgeschlossen wird.

10. Im Falle der Konfiskation des Anteils des Verurteilten am gemeinschaftlichen Vermögen des Bauernhofes (Kolchos- oder Einzelbauernhofes) wird der Umfang des Anteils nach Abzug folgender Gegenstände aus diesem Vermögen bestimmt: des Wohnhauses, in dem die Mitglieder des Hofes wohnen, mit den Wirtschaftsgebäuden, des Saatgutes, das für die nächstfolgende Aussaat erforderlich ist, einer Kuh, und wenn diese nicht vorhanden ist, einer Färse (und in einem Kolchosbauernhof auch der Schafe, Ziegen, Schweine und des Geflügels bis zur halben Norm, die durch das Statut des landwirtschaftlichen Artels bestimmt ist), und des Futters, das für das verbleibende Vieh erforderlich ist.

NACHTRAG

Während der Drucklegung wurde durch Dekret des Präsidiums des Obersten Sowjet der RSFSR vom 14. Oktober 1963 (AOS RSFSR 1963, Nr. 41, Pos. 718 Ziff. 2) der Artikel 166 Abs. 1 geändert.

Der Absatz lautet in geändertem Wortlaut wie folgt:

„Jagd ohne die dafür erforderliche Erlaubnis oder an verbotenen Stellen oder zu verbotenen Zeiten, mittels unerlaubten Geräts oder mit unerlaubten Methoden wird, wenn diese Handlungen nach Anwendung von Maßnahmen administrativer Einwirkung wegen einer gleichen Verletzung begangen wurden,

mit Besserungsarbeit bis zu einem Jahr oder mit Geldstrafe bis zu zweihundert Rubel, verbunden mit der Konfiskation der Jagdbeute und des Jagdgeräts oder ohne solche, bestraft.“

FSC
www.fsc.org
MIX
Papier | Fördert
gute Waldnutzung
FSC® C083411

Kolibri 360 GmbH
Ferdinand-Jühlke-Straße 7
99095 Erfurt, Deutschland
produktsicherheit@kolibri360.de